Eberhard Hermes · Gerd-Reiner Mayer

TRAINING Latein

Formenlehre/Satzlehre/Wortschatz

Ab dem 3. Lernjahr

Beilage: Lösungsheft

Ernst Klett Verlag für Wissen und Bildung
Stuttgart · Dresden

Die Deutsche Bibliothek – CIP-Einheitsaufnahme

Training Latein / Eberhard Hermes; Gerd-Reiner Mayer. –
Stuttgart; Dresden: Klett, Verlag für Wissen und Bildung.
Teilw. verf. von Eberhard Hermes und Horst Meusel
Formenlehre, Satzlehre, Wortschatz: ab dem 3. Lernjahr. –
3. Aufl. – 1995
ISBN 3-12-922122-0

3. Auflage 1995

Satz: Fotosatz Janß, Pfungstadt
Druck: W. Röck, Weinsberg
Einband- und Innengestaltung: Hitz und Mahn, Stuttgart
ISBN 3-12-922122-0

Inhaltsverzeichnis

Zu diesem Buch

Latein lernt man nur durch ständiges Wiederholen und Üben von Grammatik, Vokabeln und Übersetzungsverfahren. Dafür steht heute aber viel weniger Unterrichtszeit zur Verfügung als früher. Die Folgen sind Kenntnislücken und Unsicherheit in der Anwendung des erworbenen Wissens beim Lateinschüler. Ihm wird mit diesem Buch eine Möglichkeit angeboten, rasch wieder Anschluß zu finden und künftig erfolgreicher im Unterricht mitzumachen. Das Buch ist so eingerichtet, daß der Benutzer allein oder in gemeinsamer Arbeit mit einem oder zwei Mitschülern in kurzer Zeit Grammatik und Vokabeln wiederholen und einüben sowie beim Übersetzen anwenden kann.

Das sinnvolle Lernen sieht bei fortgeschrittenen Schülern anders aus als im Anfangsunterricht. Dort wird der Stoff in einzelnen Pensen dargeboten, so daß Zusammengehöriges getrennt wird. Nun aber muß das Gelernte beim Wiederholen geordnet und in einen größeren Zusammenhang gestellt werden, in dem es besser verstanden und behalten werden kann. Wie das hier geschieht, kann am Beispiel des Akkusativ-mit-Infinitiv (AcI) gezeigt werden. Er erscheint einmal in der Kasuslehre als besondere Verwendung des Akkusativs im Lateinischen (S. 30), unter dem Aspekt der Wortkunde als typische Ergänzung von Verben bestimmter Bedeutung (S. 82). Die Satzlehre behandelt den AcI als häufigste Form der abhängigen Behauptungssätze (S. 100), während er unter der Fragestellung des Übersetzens mit seinen deutschen Wiedergabemöglichkeiten verglichen wird (S. 30). Die Gliederung des Buches entspricht der traditionellen Grammatik, die sowohl in der Formenlehre als auch in der Syntax mit dem Nomen beginnt, dann zum Verb übergeht und mit der Lehre vom zusammengesetzten Satz endet. Doch werden nun Formen- und Satzlehre zusammen behandelt und sowohl mit einem Vokabel-Lern-Programm wie mit elementaren Übersetzungsübungen verbunden. Sowie ein bestimmter Stoff anhand von lateinischen Beispielen dargestellt ist, folgen eine oder mehrere Übungen zur Befestigung und Erprobung des Gelernten. Übersetzungsaufgaben mit zusammenhängenden Texten (z. B. Übungen 6–8 oder 44–48) dienen der Verbindung des gerade Gelernten mit dem bisher erworbenen Wissen.

In den Übungen sind über 700 Vokabeln des Grundwortschatzes so über das Buch verteilt, daß eine ständige Wiederholung der Vokabelkenntnisse erfolgt. Auch in den Textbeispielen sind fast nur Wörter des Grundwortschatzes verwendet, auf deren häufige Wiederkehr geachtet wurde. Wer das Buch durcharbeitet und die Vokabeln lernt, die in ihm angeboten werden, erwirbt also einen Wortschatz von über 1000 Vokabeln, welcher den Listen der Länderkultusministerien und dem Bestand des ‚Grundwortschatz Latein nach Sachgruppen‘ (Klett-Buch 6043) entspricht.

Vokabeln, die nicht zu diesem Grundwortschatz gehören, sind entweder in Klammern gesetzt oder als Erläuterungen gekennzeichnet.

Anleitung zur Arbeit mit ,Training Latein'

Das Buch ist so angelegt, daß es in mehrfacher Weise verwendet werden kann. Dabei wurde aufgrund von Erfahrungen, welche die Erprobung mit sich brachte, an folgende Verwendungsmöglichkeiten gedacht:

(1) Das Buch kann als Lehrgang durchgearbeitet werden. Dieser ist so bemessen, daß man ihn in absehbarer Zeit bewältigen kann. Wir sind dabei von einem durchschnittlichen Arbeitstempo ausgegangen und haben pro Übung, einschließlich der Lektüre des erläuternden Abschnitts und Nachschlagen vergessener Vokabeln und Formen, eine Stunde angesetzt. Wenn man sich entschließt, pro Woche 4 Stunden für die Lateinwiederholung aufzuwenden, kann man also den Lehrgang in 12 Wochen schaffen. Die einzige Voraussetzung besteht darin, daß man diese Arbeitsstunden gut verteilt und konsequent durchhält.

(2) Viele werden das Buch zur schwerpunktmäßigen Wiederholung bestimmter grammatischer Stoffe, z. B. zur Vorbereitung auf eine Klassenarbeit, benutzen wollen. Solche Stoffe sind mit Hilfe des Inhaltsverzeichnisses leicht zu finden. Um alles, was zu einem Thema gehört, beisammen zu haben, kann man es unter Benutzung des grammatischen Registers zusammenstellen. Im Vorwort wurde der Akkusativ mit Infinitiv (AcI) als Beispiel dafür angeführt. Andere Schwerpunkte sind z. B. Partizip-Konstruktionen, Relativ- und abhängige Fragesätze oder die verschiedenen Ablativfunktionen.

(3) Beim Lernen kommt es oft dazu, daß man vor lauter Einzelheiten den Überblick verliert. Man sucht nach einer Hilfe zur Orientierung, damit man erfahren kann, wo das gelernte Detail seinen Platz im Aufbau der Sprache hat und ,wozu' man es eigentlich ,braucht'. Zur Erfüllung solcher Bedürfnisse sind dem Buch drei Überblicke beigegeben. Im ersten Teil eine ,Kasuslehre auf einen Blick', der zweite schließt mit der ,Satzlehre auf einen Blick', der dritte schließlich mit der tabellenartigen Zusammenstellung ,Gliedsätze auf einen Blick'. Weitere Orientierungsmittel sind die Übersichten im laufenden Text. Sie sind mit Hilfe des grammatischen Registers zu finden, in dem die Stichworte, zu denen es solche Übersichten gibt, durch Fettdruck hervorgehoben sind.

(4) Es kann auch sein, daß jemand Möglichkeiten zum Üben sucht. Er kann sich z. B. unsicher fühlen beim Auseinanderhalten der verschiedenen Arten von Pronomina, beim Erkennen der Bedeutungsbeziehungen zwischen Haupt- und Nebensatz oder beim Abteilen der Wortgruppen für das Übersetzen. Mit Hilfe der Übersicht über die Übungen kann er sich auf das Gesuchte konzentrieren.

(5) Schließlich kann das Buch im Klassenunterricht oder in Kursen dazu verwendet werden, bestimmte Pensen, für die das eingeführte Lehrbuch zu viel Zeit verlangt, zügiger durchzunehmen. Das könnte z. B. bei den ,Verba anomala', bei den Pronomina oder beim Konjunktivgebrauch im lateinischen Hauptsatz der Fall sein. Den dabei notwen-

digen Vergleich der Lernvokabeln kann man mit Hilfe des alphabetischen Index am Schluß des Buches leicht durchführen. In der jeweiligen Übung wird die Kenntnis all der Vokabeln vorausgesetzt, die in vorangegangenen Übungen zum Lernen angeboten wurden.

Bei den Übungen zur Bestimmung von deklinierten oder konjugierten Formen kann die Liste der ‚häufig vorkommenden mehrdeutigen Wortausgänge‘ auf S. 129 f. herangezogen werden.

Liste der Abkürzungen und Zeichen

Abl.	Ablativ
Abl. abs.	Abl. absolutus
AcI	Akk. mit Inf.
Adj.	Adjektiv
Adv.	Adverb
Adv. Best.	Adverbiale Bestimmung
Akk.	Akkusativ
Akt.	Aktiv
D	Deutsch
Dat.	Dativ
Dekl.	Deklination
Erg.	Ergänzung
f	femininum
Fut.	Futur
Gen.	Genitiv
Imp(er)f.	Imperfekt
Ind.	Indikativ
Inf.	Infinitiv
Komp.	Komparativ
Konj.	Konjunktiv
Konjug.	Konjugation
kons.	konsonantisch
L	Latein
m	masculinum
n	neutrum
NcI	Nom. mit Inf.
Nom.	Nominativ
Obj.	Objekt (Ergänzung)
Part.	Partizip
Pass.	Passiv
Perf.	Perfekt
Pers.	Person(al)
Pl(ur).	Plural
Plqpf.	Plusquamperfekt
Poss.	Possessiv(um)
Präd.	Prädikat
Präs.	Präsens
Pron.	Pronomen
Rel.	Relativ(um)
S(in)g.	Singular
Subj.	Subjekt
Subst.	Substantiv
Superl.	Superlativ

spērāre ↔ dēspērāre	Bedeutungsgegensatz
anteā Adv. (ante 80)	Verwandt mit . . . in den Vokabelangaben auf Seite . . .

Angabe der Wortausgänge bei den Vokabeln

(1) Bei Wörtern der a-, o-, e-, i- und u-Dekl. die Genitivendungen	āra, ae f Altar; mūrus, ī m Mauer; spēs, speī f Hoffnung; turris, is f Turm; aditus, ūs m Zugang
(2) Bei Wörtern der kons. Dekl. vom letzten unveränderten Buchstaben an (einsilbige in ganzer Genitivform)	salūs, ūtis f Wohlergehen, Rettung; homō, minis m Mensch, Mann; tempus, poris n Zeit; sōl, sōlis m Sonne
(3) Adjektive der a- und o-Dekl. mit Nom.-Formen m, f und n	bonus (a, um) = bonus, bona, bonum; miser (era, erum) = miser, misera, miserum
(4) Adj. der 3. Konjug. mit Nom. Formen m, f u. n sowie Genitivendungen	brevis (e), is kurz; vetus, teris alt
(5) Bei Verben der a-, e- u. i-Konjug. die regelmäßigen Endungen	audīre, vī, tum hören (= audiō, audīvī, audītum); habēre, uī, itum haben, halten (= habeō, habuī, habitum)
(6) Bei Verben der kons. Konjugation vom letzten unveränderten Buchstaben an oder vollständig	petere, tīvī, tītum streben nach, bitten (= petō, petīvī, petītum); scrībere, scrīpsi, scrīptum schreiben

Formenlehre und Syntax des Nomens

Die Wortarten

Sprachliche Äußerungen, d. h. Texte, bestehen aus Sätzen. Die Sätze sind wiederum aus Wörtern aufgebaut. Wie im Deutschen lassen sich auch im Lateinischen Wörter, die in der Form verändert werden können (flektierbare Wörter), von solchen unterscheiden, bei denen das nicht der Fall ist (unflektierbare Wörter).

Nicht flektierbar, also in der Form unveränderlich, sind:
- Adverbien (z. B. ibī „dort“, subitō „plötzlich“)
- Konjunktionen (z. B. sed „aber, sondern“, postquam „nachdem“)
- Präpositionen (z. B. apud „bei, nahe bei“, dē „von . . . herab“)
- Partikeln (z. B. utinam „wenn doch“, num „ob etwa“)

Von den Zahlwörtern (Numeralia) sind manche unflektierbar (z. B. sex „sechs“, centum „hundert“, mīlle „tausend“), andere werden jedoch in der Form verändert. Es sind die ersten drei Grundzahlen (ūnus, duo, trēs) sowie die Hunderter (ducentī, -ae, -a „zweihundert“) und Tausender (tria mīlia „dreitausend“). Die Ordnungszahlen werden wie die Adjektive dekliniert (z. B. prīmus „der erste“, decimus „der zehnte“ usw.).

Bei den flektierbaren Wörtern werden Nomina und Verben unterschieden. Nomina sind Wörter, die ihre Form nach Kasus, Numerus und grammatischem Geschlecht (genus) verändern, d. h., sie werden dekliniert. Verben wechseln dagegen ihre Form nach Person, Numerus, Tempus, Modus und Aktiv bzw. Passiv (genus verbi), d. h., sie werden konjugiert. Eine Mischung der beiden Formsysteme, also der Deklination und der Konjugation, weisen die Nominalformen des Verbs auf, z. B. das Partizip. In dem Beispiel

post Rōmam conditam — nach der Gründung Roms

muß die Partizipform ‚conditam‘ einmal als Akkusativ Singular femininum, zum zweiten aber als Partizip Perfekt Passiv bestimmt werden. Mit der ersten Bestimmung wird ihre Deklinationsform beschrieben, mit der zweiten wird sie in das Tempussystem des Verbs eingegliedert.

Nomina	deklinierbare Wörter	Kasus, Numerus, grammatisches Geschlecht (genus)	Substantive, Adjektive, Pronomina, ein Teil der Numeralia
Verba	konjugierbare Wörter	Person, Numerus, Tempus, Modus, Aktiv/ Passiv (genus verbi)	—
Verbal-nomina	deklinierbare Verbformen	Kasus, Numerus, grammatisches Geschlecht (genus) und Tempus, Aktiv/ Passiv (genus verbi)	Partizip, Gerundium (deklinierter Infinitiv), Gerundivum

Übung 1:

Ordne die Wörter des folgenden Textes nach Wortarten und bestimme die deklinierten und konjugierten Formen:

Helvētiī reliquōs Gallōs virtūte praecēdunt, quod ferē cottīdiānīs proeliīs cum Germānīs contendunt, cum aut suīs fīnibus eōs prohibent aut ipsī in eōrum fīnibus bellum gerunt.

(Caesar, BG I 1,4)

Die Helvetier übertreffen die übrigen Gallier an Tapferkeit, weil sie in fast täglichen Kämpfen mit den Germanen zusammentreffen, indem sie sie entweder von ihrem eigenen Gebiet abwehren oder selbst in deren Gebiet Krieg führen.

Vokabeln:

aut . . . aut	entweder . . . oder
bellum, ī n	Krieg
contendere, tendī, tentum	sich anstrengen, eilen, kämpfen
cottīdiānus (a, um)	täglich
cum m. Ind.	als, wenn, indem
cum b. Abl.	mit
ferē	beinahe, fast
fīnis, is m	Ende, Grenze; Pl. Gebiet
gerere, gessī, gestum	tragen, führen, ausführen
in b. Abl.	in, an, auf, bei
ipse, ipsa, ipsum	selbst

is, ea, id	er (sie, es); dieser (diese, dieses)
praecēdere, cessī, cessum	vorangehen, übertreffen
proelium, iī n	Gefecht
prohibēre, uī, itum	fernhalten, hindern
quod	weil
reliquus (a, um)	übrig
suus (a, um)	sein (seine, sein), ihr (ihre, ihr)
virtūs, ūtis f	Tüchtigkeit, Tapferkeit

Die fünf Deklinationen

Wer Latein lernt, wird von Beginn an dazu angehalten, besonders auf die **Wortausgänge** zu achten. Ein Vergleich mit dem Deutschen zeigt, warum die Wortausgänge im Lateinischen so wichtig sind:

Vir**ōrum** antīquitāt**is** fortissim**ōrum** longē illūstrissim**us** fuit Alexande**r**, māgn**ī** patr**is** fīl**ius** multō māi**ōr**, natiōne Maced**ō**, ērudītiōn**e** et studi**īs** Athēniēns**is** . . .

Von den tatkräftigsten Männern **des** Altertums war **der bei** weitem bedeutendste Alexander, **der** viel größere Sohn **eines** großen Vaters, **von** Herkunft **ein** Makedone, **an** Bildung und **aufgrund seiner** geistigen Beschäftigungen **ein** Athener . . .

Im Lateinischen muß der Leser bzw. Hörer warten, bis der Wortausgang erklingt. Vorher kann er nicht genau erkennen, welche Abhängigkeiten und Bedeutungsbeziehungen zwischen den Wörtern herrschen.

Die Gen.-Plur.-Endung ‚-ōrum' bindet Substantiv (virōrum) und Adjektiv (fortissimōrum) aneinander. Sie schließen ein Genitivattribut ein (antīquitātis), das von ihnen abhängig ist. Nun folgt das Prädikat (longē illūstrissimus fuit), dann das Subjekt (Alexander). Beide sind durch die Nom.-Sing.-Endung miteinander verbunden. Die Aussage über Alexander wird durch die Nominativreihe ‚fīlius', ‚Macedō', ‚Athēniēnsis' fortgesetzt. Im Gen. Sing. steht der Vater (māgnī patris), mit dem der Sohn verglichen wird (multō māior). Schließlich geben die Ablative ‚nātiōne' und ‚ērudītiōne et studiīs' an, worauf sich die Charakterisierung als ‚Makedone' und ‚Athener' bezieht.

In der deutschen Übersetzung werden diese Beziehungen jeweils vorher, d. h., bevor die Substantive erklingen, durch die deklinierten Formen des bestimmten oder unbestimmten Artikels und Präpositionen angegeben. Diese Verständnishilfe entfällt im Lateinischen weithin: Einen Artikel gibt es nicht. Beziehungen werden oft, vor allem beim Ablativ, ohne Verwendung von Präpositionen signalisiert. Dem Deutschen fehlt eine Entsprechung für diesen Kasus, der im Lateinischen so häufig auftritt.

Eine Kasusform läßt sich leichter bestimmen, wenn man weiß, nach welchem Formschema das betreffende Wort verändert wird. Es gibt sechs verschiedene Formschemata. Sie werden nach dem Stammauslaut, der den zugehörigen Wörtern gemeinsam ist, benannt. Daher spricht man von den Stämmen auf -a, -o, -e, -i und -u sowie von konsonantisch auslautenden Stämmen. Der Stammauslaut tritt jedoch nicht immer in Erscheinung. In gedehnter Form zeigt ihn der Ablativ Singular (aquā, amīcō, spē, turrī, manū) bei den vokalischen Stämmen, während an einen konsonantischen Auslaut ein kurzes -e angehängt wird (virtūte). Weil zahlreiche Wörter sowohl Merkmale der konsonantischen wie der i-Deklination zeigen, hat man diese beiden als ‚dritte Deklination' zusammengefaßt. So ergibt sich folgende Übersicht:

Erste oder a-Deklination	aqua, aquae f Wasser
Zweite oder o-Deklination	lūdus, lūdī m Spiel – liber, librī m Buch – ōtium, ōtiī n Muße
Dritte oder konsonantische Deklination (mit i-Deklination)	mīles, mīlitis m Soldat – salūs, salūtis f Heil – nāvis, nāvis f Schiff – mare, maris n Meer
Vierte oder u-Deklination	currus, currūs m Wagen – manus, manūs f Hand
Fünfte oder e-Deklination	diēs, diēī m Tag – rēs, reī f Ding, Sache

Wie man sieht, sind die Deklinationen vor allem in der Form des Nom. Sing. zu verwechseln. Der Gen. Sing. zeigt in der 2. Deklination immer **-ī**, in der 3. stets **-is**, in der 4. durchweg **-ūs**. Einen Nom. Sing. auf **-us** aber gibt es sowohl in der 2. wie auch der 3. und 4. Deklination. Also müssen beim Vokabellernen immer die Gen.-Sing.-Formen dazugenommen werden. Die meisten Abweichungen voneinander zeigen die Nom.-Sing.-Formen in der 3. Deklination. Das rührt daher, daß hierbei Formen mit und ohne das Zeichen **-s** auftreten und in beiden Fällen der Stammauslaut gewisse Veränderungen erleidet (salut-: salūs; homin-: homō; patr-: pater; mor-: mōs; mīlit-: mīles usw.). Diese Veränderungen müssen beachtet werden, wenn man ein Wort dieser Deklination, das im Text nicht im Nom.Sing. vorkommt, im Lexikon nachschlagen will.

Übung 2:

Ordne die Substantivformen des folgenden Textes nach ihrem Deklinationsschema, bestimme sie nach Kasus, Numerus und Genus und nenne Nom. und Gen.Sing. der jeweiligen Vokabel:

Nihil est in dīcendō māius, quam ut faveat ōrātōrī is, quī audiet, utique ipse sīc moveātur, ut impetū quōdam animī et perturbātiōne magis quam iūdiciō aut cōnsiliō regātur. Plūra enim hominēs iūdicant odiō aut amōre aut cupiditāte aut īrācundiā aut dolōre aut laetitiā aut spē aut timōre aut errōre aut aliquā permōtiōne mentis quam vēritāte aut praescrīptō aut iūris normā aliquā aut iūdiciī fōrmulā aut lēgibus.

(Cicero, De oratore II 42)

Nichts ist in der Beredsamkeit wichtiger, als daß der Zuhörer dem Redner geneigt sei und selbst so bewegt werde, daß er sich mehr durch einen Antrieb des Gemüts und durch Erregung als durch Urteil und Überlegung leiten läßt. Mehr Dinge nämlich entscheiden die Menschen aufgrund von Haß oder Liebe, von Begierde oder Zorn, von Schmerz oder Freude, von Hoffnung oder Furcht, aufgrund eines Irrtums oder einer Aufwallung ihres Inneren als nach Wahrheit oder Vorschrift oder nach einer Regel des Rechts oder einer gerichtlichen Verfahrensformel oder nach Gesetzen.

Besonderheiten der Deklination

Wenn man einzelne Wortausgänge betrachtet, die mehrdeutig sind, erscheint die Bestimmung deklinierter Formen sehr schwierig. Beispiele sind:

-ī	Gen. Sing. und Nom. Plur. der o-Dekl. Dat. Sing. der 3. Dekl. Abl. Sing. der i-Dekl.	annī cōnsulī marī	„des Jahres; die Jahre" „dem K." „zur See"
-is/ īs	Dat. und Abl. Plur. der a- und der o-Dekl. Gen. Sing. der 3. Dekl. Akk. Plur. der i-Dekl.	terrīs cum amīcīs cōnsulis turrīs	„den Ländern"; „mit Freunden" „des Konsuls" „die Türme"

-us/ ūs	Nom. Sing der o- und der u-Dekl. Gen. Sing. und Nom./Akk. Plur. der u-Dekl. Nom. Sing. der kons. Dekl. f Nom./Akk. Sing. der kons. Dekl. n	lūdus portus portūs salūs, ūtis corpus, oris	„Spiel"; „Hafen" „des Hafens"; „die Häfen" „Heil" „der Leib"; „den Leib"

Ein Vergleich der Deklinationen zeigt jedoch auch zahlreiche Regelmäßigkeiten, deren Kenntnis bei der Formenbestimmung helfen kann:

	Singular				
Stamm auf	**Nominativ**	**Genitiv**	**Dativ**	**Akkusativ**	**Ablativ**
-a	dea	dea e	dea e	dea m	deā
-o	lūdu s	lūd ī	lūdō	lūdu m	lūdō
-e	rē s	re ī	re ī	re m	rē
-u	portu s	portū s	portu ī	portu m	portū
-i	turri s	turri s	turr ī	turri m	turrī
Kons.	op s	op is	op ī	op em	op e
	Plural				
-a	dea e	deā rum	de īs	deā s	de īs
-o	lūd ī	lūdō rum	lūd īs	lūdō s	lūd īs
-e	rē s	rē rum	rē bus	rē s	rē bus
-u	portū s	portu um	porti bus	portū s	porti bus
-i	turrē s	turri um	turri bus	turrī s	turri bus
Kons.	op ēs	op um	op ibus	op ēs	op ibus

Folgende Übereinstimmungen fallen auf: Der Akk. Sing. wird durch ein -m, der Akk. Plur. durch langen Vokal plus -s angezeigt. Der Gen. Plur. bietet die Reihe -ārum, -ōrum, -ērum, -uum, -ium, -um. Dat. und Abl. Plur. haben stets entweder -īs oder -ibus als Endung. Im Abl. Sing. tritt der Stammauslaut in Erscheinung, bei Vokal mit Länge, bei Konsonant mit einem -e dahinter.

Adjektive und Partizipien werden entweder nach dem Muster -us/-a/-um (1. und 2. Dekl.) oder nach der 3. Deklination (kons. u. i-Dekl.) verändert. Wenn das zugehörige Substantiv, das Beziehungswort, nach demselben Formschema flektiert wird, ergibt sich oft ein Gleichklang:

vir**ōrum** fortissim**ōrum** illūstrissimus	von den tatkräftigsten Männern der bedeutendste
ferē cottīdiān**īs** proeli**īs**	in fast täglichen Kämpfen

Wenn sie jedoch nach verschiedenen Mustern flektiert werden, ist die Zusammengehörigkeit nicht sinnenfällig, sondern es bedarf der Überlegung:

māgn**ī** patr**is** fīlius	der Sohn eines großen Vaters
Nov**ī** cōnsul**ēs** rem gerunt.	Neue Konsuln führen das Unternehmen durch.

Bei den Adjektiven der 3. Deklination ist zwischen solchen zu unterscheiden, die im Nom. Sing. nur eine Form für alle drei Geschlechter haben:

vir sapiēns, ōrātiō sapiēns, cōnsilium sapiēns	ein weiser Mann, eine kluge Rede, ein weiser Ratschlag

solchen, die eine besondere Form für das Neutrum zeigen:

vir fortis, herba fortis, factum forte	ein tatkräftiger Mann, ein stark wirkendes Kraut, eine tapfere Tat

sowie denen, die drei verschiedene Endungen für masculinum, femininum und neutrum bieten:

Caesar ācer in rēbus gerendīs erat.	Caesar war beim Handeln schnell entschlossen.
Caesari mēns ācris erat.	Caesar hatte einen scharfsinnigen Verstand.
Fit ācre proelium.	Es kommt zu einem heftigen Gefecht.

Die Komparative aller Adjektive sind zweiendig:

fīlius māior, glōria māior, nōmen māius	der größere Sohn, ein größerer Ruhm, ein bedeutenderer Name

Sie werden nach der konsonantischen Deklination verändert, haben also -e im Abl. Sing., -a im Nom./Akk. Plur. n und -um im Gen. Plur. Die Superlative flektiert man nach dem Muster -us/-a/-um wie auch das Partizip Perfekt Passiv (ductus, -a, -um: „geführt"), das Partizip Futur Aktiv (ductūrus, -a, -um: „im Begriff zu führen") und das Gerundivum (dūcendus, -a, -um: „wer geführt werden soll"). Wie die Adjektive der 3. Dekl. wird auch das Partizip Präsens Aktiv verändert! Allerdings gibt es sich im Abl. Sing. mit der Endung -e zu erkennen, wo die Adjektive -ī haben. Doch hat es wie die Adjektive -ia im Nom./Akk. Plur. n und -ium im Gen. Plur.

(1) -us/-a/-um	Adjektive (bonus, -a, -um „gut"; miser, -era, -erum „elend") Part. Perf. Pass. (firmātus, -a, -um „gestärkt") Part. Fut. Akt. (victūrus, -a, -um „wer oder was siegen wird") Gerundivum (petendus, -a, -um „wer oder was erstrebt werden soll") Superlativ (longissimus, -a, -um „längster"; miserrimus, -a, -um „elendester"; facillimus, -a, -um „leichtester")
(2) 3. Dekl.	Adjektive (z. B. sapiēns, fortis, ācer haben -ī, -ia, -ium; Ausnahmen z. B. vetus „alt", pauper „arm" haben -e, -a, -um) Part. Präs. Akt. (z. B. vincens, vincentis „siegend": eine Endung für alle drei Geschlechter im Nom. Sing., im Abl. Sing. -e, sonst -ia, -ium wie Adjektive) Komparativ (zweiendig: -ior, -ius; hat -e, -a, -um)

Übung 3:

Welche Adjektive und Partizipien gehören zu welchen Beziehungswörtern? Bestimme die Adjektive und Partizipien nach Kasus, Numerus und Genus, gib bei den Adjektiven die Formen des Nom. Sing. und bei den Part. die Stammformen des Verbs an!

Antīquīs temporibus plēbs dissentiēns ā patribus in Monte Sacrō armāta cōnsēdit. Tum miserrimus erat reī pūblicae status. Nam ā capite cētera pars corporis sēdītiōne concitātā dīvisa erat. Aestāte ineunte Menēnius Agrippa ā senātu ad plēbem domum redūcendam missus est. Menēnius ēloquentiā populārī reī pūblicae subvēnit. Populum enim novā lībertāte temerē gaudentem ōrātiōne nōn longā ad meliōra et sāniōra cōnsilia redūxit, id est urbem urbī iūnxit.

(Nach Valerius Maximus VIII 8, 1)

In alten Zeiten hat sich die Plebs einmal, uneins mit den Senatoren, auf dem Heiligen Berg bewaffnet niedergelassen. Damals war der Zustand des Staates sehr schlimm. Denn von seinem Haupt hatte sich der übrige Teil des Körpers durch den entfachten Aufstand getrennt. Als nun der Sommer begann, wurde Menenius Agrippa zum Volk geschickt, um es nach Hause zurückzuführen. Menenius kam mit seiner volkstümlichen Redegabe dem Staat zu Hilfe. Er brachte nämlich das Volk, das sich unbedacht seiner neuen Freiheit erfreute, durch eine gar nicht lange Rede zu besseren und vernünftigeren Gedanken zurück, d. h., er vereinigte die Stadt wieder mit der Stadt.

Die Pronomina unterscheiden sich vor allem in folgenden Merkmalen von den anderen deklinierten Wörtern:

-ius im Gen. Sing. (z. B. ūnīus „eines"; cuius „wessen")
-ī im Dat. Sing. (ei „diesem, dieser"; nūllī „keinem"; illī „jenem, jener")
-d im Nom. u. Akk. Sing. n (id „dies"; quod „was, welches"; illud „jenes")

Die Personalpronomina haben ihre eigene Deklination (egō „ich", meī, mihi, mē; tū „du", tuī, tibi, tē; Pl. nōs „wir"; vōs „ihr"; 3. Pers. reflexiv „sich", suī, sibī, sē), während die Possessivpronomina wie Adjektive auf -us/-a/-um (meus, tuus, suus) bzw. -er/-ra/-rum (noster, vester) dekliniert werden.

Bei dem Demonstrativpronomen hic/haec/hoc tritt an einige Kasusausgänge das Zeigesuffix -c (vgl. L ecce „siehe da!"). Dadurch werden die Endungen z. T. verändert. So finden sich im Akk. Sing. m und f statt -um und -am die Formen ‚hunc' und ‚hanc'.

Außer den Personal- und Possessivpronomina gibt es die auf Seite 18 gezeigten Arten von Pronomina.

Übung 4:

Welche Pronomina sind in der folgenden Geschichte verwendet? Bestimme ihre Form nach Kasus, Numerus und Genus!

Rūsticus quīdam septimō quōque vesperō in tabernā pōtāre solēbat. Quādam nocte nebulōsā ē tabernā per hortum aliquem domum tendēbat. Tum mīrum quoddam ei accidit. Nam dē extrēmō hortō aliquis ei mināī vīsus est. Fortissimum quemque tālis aspectus terruisset. Hic autem sine ūllā morā illum, quem praedōnem habēbat, petit et māgnā vōce: „Quis ibi est?", inquit, neque quisquam respondet. Atque

Ein Bauer pflegte an jedem siebten Abend in der Kneipe zu trinken. In einer finsteren Nacht versuchte er, aus der Wirtschaft durch irgendeinen Garten nach Hause zu gelangen. Da passierte ihm etwas Seltsames. Denn vom Ende des Gartens her schien ihm jemand zu drohen. Selbst jeden noch so Tapferen hätte ein solcher Anblick in Schrecken versetzt. Dieser aber geht ohne Zögern auf jenen, den er für ei-

	Grundwort	Dual (wenn nur von zweien die Rede ist)
Definit (bestimmte Aussage):		
Gegenüberstellung	alius (ia, iud) „ein anderer“	alter (era, erum) „der eine/andere (von zweien)“
Verneinung	nēmō „niemand“, nihil „nichts“, nūllus (a, um) „keiner“	neuter (tra, trum) „keiner (von beiden)“
Verallgemeinerung	quisque (quidque) „jeder“	uterque „jeder (von beiden)“
Anonymität	quīdam (quaedam, quoddam) „ein bestimmter (der nicht genannt werden soll)“	
Indefinit (unbestimmte Aussage):		
positiv	aliquis (aliquid) oder quis (quid) „irgendeiner“	
negativ	quisquam (quicquam) und ūllus (a, um) „(und nicht) irgendeiner“	
Interrogativ (fragend):		
	quis (quid) „wer (was)“, qui, quae, quod „was für ein . . .“	uter (tra, trum) „wer (von beiden)“
Relativ (verweisend):		
	quī, quae, quod „welcher“	uter (tra, trum) „welcher (von beiden)“
Demonstrativ (hinweisend):		
allgemein	is, ea, id „dieser“ īdem, eadem, idem „derselbe“	Zu den Interrogativ- u. Relativpronomina, die ihre demonstrative Entsprechung haben, gehören auch jene, mit denen auf Größe (quantus – tantus, a, um), auf Qualität (quālis – tālis) oder auf Anzahl (quot – tot) verwiesen wird.
Bereich des Sprechers	hic, haec, hoc „dieser (hier)“	
Bereich des Angesprochenen	iste (ista, istud) „der dort (bei dir)“	
Bereich der 3. Person	ille, illa, illud „der“, „jener“ ipse (ipsa, ipsum) „er selbst“	

iterum: „Sī quis adest, respondeat!“ Nūlla vōx, nēmō respondet. Tum vērō ipse īrātus, aliquō tēlō arreptō, in praedōnem – ut eius opīniō erat – invādit. Sed subitō in fossam incidit et intellēxit sē nōn praedōnem aliquem petīvisse, sed formīdinem, quam alius rūsticus ibī statuerat, et sē nōn per suum, sed per hortum alterīus domum tetendisse.

(Nach einem Übungstext von Arthur Kracke)

nen Räuber hält, los und ruft mit lauter Stimme: „Wer ist da?“ Doch niemand antwortet. Und noch einmal: „Wenn da jemand ist, soll er antworten!“ Kein Laut, niemand antwortet. Da wird er nun aber wütend, ergreift irgend etwas zum Werfen und geht auf den Räuber – das war ja seine Vermutung – los. Plötzlich aber fiel er in einen Graben und merkte, daß er nicht auf einen Räuber, sondern auf eine Vogelscheuche losgegangen war, die ein anderer Bauer dort aufgestellt hatte, und daß er gar nicht durch seinen, sondern durch den Garten eines anderen nach Hause gegangen war.

Vokabeln:

accidit	es ereignet(e) sich
aspectus, ūs m	Anblick
autem	aber
dē b. Abl.	von . . . herab; über
domum Adv.	nach Hause
formīdō, dinis f	Entsetzen
fossa, ae f	Graben
habēre, uī, itum	haben; halten für
hortus, ī m	Garten
incidere, incidī	in etwas hineingeraten
intellegere, lēxī, lēctum	bemerken, verstehen
invādere, vāsī, vāsum	eindringen, angreifen
īrāscī, īrāscor, īrātus	in Zorn geraten
māgnus (a, um); Komp. māior (ius), ōris; Superl. maximus (a, um)	groß
mīrus (a, um)	wunderbar, erstaunlich
mora, ae f	Aufschub, Verzögerung
nam	denn
nox, noctis f	Nacht
opīniō, ōnis f	Erwartung, Meinung
per b. Akk.	durch (. . . hindurch)
petere, tīvī, tītum	streben nach, angreifen; sich an jemanden wenden, bitten
respondēre, spondī, spōnsum	antworten

rūsticus, ī m	Bauer
septimus (a, um)	sieb(en)ter
sine b. Abl.	ohne
solēre, solitus sum	gewohnt sein, pflegen
statuere, uī, tūtum	aufstellen; festsetzen, beschließen
subitō	plötzlich
tēlum, ī n	Angriffswaffe
tendere, tetendī, tentum	spannen, strecken, streben
terrēre, uī, itum	jemanden erschrecken
vesper, erī m	Abend
vidērī, vīsus sum	scheinen
vōx, vōcis f	Stimme, Laut, Wort

Die Untrennbarkeit von Form, Funktion und Bedeutung

Bisher wurde die Aufmerksamkeit auf die Formen der Nomina gelenkt. Das Sinnverständnis konnte den beigegebenen Übersetzungen entnommen werden. Nun soll gefragt werden, wie die Formen ein solches Sinnverständnis bewirken können. Das ist möglich, weil jede Form eine bestimmte Funktion für den Aufbau des Satzes erfüllt und das Wort, von dem sie gebildet ist, eine bestimmte Bedeutung hat. In dem Satz:

Gallī cōnsilium cēpērunt ex oppidō prōfugere.	Die Gallier faßten den Entschluß, aus der Stadt zu fliehen.

ist die Form ‚cōnsilium' Akkusativ-Objekt zu .cēpērunt' und bedeutet in diesem Zusammenhang soviel wie „Entschluß“. Oft wird ein Wort auch in übertragener Bedeutung gebraucht. Ein Beispiel:

Etiam capillus ūnus habet umbram suam.	Auch ein einziges Haar hat seinen Schatten.

Es handelt sich um eine Sentenz, d. h. einen Sinnspruch, der eine Erkenntnis von allgemeiner Bedeutung knapp formuliert. Diese Bedeutung wird hier in einem Bild ausgedrückt. Das einzelne Haar steht für eine Sache oder Person, die leicht übersehen wird. Mit dem Schatten aber ist die Wirkung gemeint, die auch von kleinen Dingen oder unbeachteten Menschen ausgehen kann. Der Satz enthält vier deklinierte Formen: capillus und ūnus stehen im Nom. Sing. m, umbram und suam im Akk. Sing. f. Die unterschiedlichen Fälle weisen auf unterschiedliche Funktionen als Satzglied hin: capillus ist Satzgegenstand (Subjekt), umbram die Akkusativ-Ergänzung (Objekt) zu dem Prädikat habet. Jedes dieser beiden Satzglieder hat ein Attribut, eine nähere Erläuterung, bei sich. Die Zusammengehörigkeit von Satzgliedern wird durch Übereinstimmung der Form (Kongruenz) signalisiert. Die Attribute ūnus und suam stimmen in Kasus, Numerus und grammatischem Geschlecht (Genus) mit ihren Beziehungswörtern capillus und umbram überein. Dem Singular der Verbform habe-t entspricht die Singularform des Subjekts capillu-s. Im Hinblick auf die Bedeutung der Sentenz folgt aus diesem strengen formalen Aufbau des Satzes, daß der Vorgang, von dem die Rede ist, von ‚capillus ūnus' seinen Ausgang nimmt und in ‚umbram suam' sein Ziel erreicht: „Auch ein (einziges) Haar wirft (doch) seinen (besonderen) Schatten."

Ein Text erhält seinen Sinn also durch das Zusammenwirken der Formelemente, des Satzbaus und der Wortbedeutungen. Deshalb wird in diesem Buch die Wiederholung der Formenlehre mit einem Durchgang durch die Satzlehre verbunden, und beide werden von einer Einübung des Grundwortschatzes begleitet, der die lektürewichtigsten Vokabeln enthält.

1. Formal (Wortart, Kasus, Deklination usw.)	capillus: Subst. der o-Deklination, Nom. Sing. m	ūnus: Numerale (wie Pronomen dekliniert: -ius, -i) Nom. Sg. m	habet: Verb der e-Konjugation, 3. Pers. Sing. Ind. Präs. Akt.	umbram: Subst. der a-Deklination, Akk. Sing f	suam: Poss. Pron. (wie Adjektiv auf -us/-a/-um dekl.), Akk. Sing. f
2. Funktional (Satzglied)	Subjekt (Gegenstand der Aussage): im Numerus mit dem Präd. kongruent	Attribut zu capillus (in der Form kongruent)	Prädikat des Satzes (mit Leerstelle für ein Akk.-Objekt)	Akk.-Ergänzung (Objekt)	Attribut zu umbram (in der Form kongruent)
3. Semantisch (Bedeutungszusammenhang)	Bild für etwas, das leicht übersehen wird	Hervorhebung des Bedeutungsmerkmals ‚klein, gering'	Positive Aussage von der Sache: Sie hat etwas	Symbol für die Wirkung von etwas	Verstärkung des Bedeutungsmerkmals ‚Wirkung von etwas': Sie gehört zu ihm, ist etwas Eigenes

Übung 5:

Bestimme in den folgenden Sentenzen alle Wörter der Form nach, bezeichne ihre Funktion als Satzglied und beschreibe den Bedeutungszusammanhang, der sich jeweils ergibt!

Versuche eine deutsche Übersetzung!

1. Cōnsilium inveniunt multī, sed doctī explicant.
2. Patientia animī occultās dīvitiās habet.
3. Virum bonum nātūra, nōn ōrdō facit.

Vokabeln:

animus, ī m	Geist, Seele, Mut
bonus (a, um); Komp. melior (ius), ōris; Superl. optimus (a, um)	gut
cōnsilium, iī n	1. Rat, Plan; 2. Beratung; 3. Beschluß
dīvitiae, arum f Pl.	Reichtum
doctus (a, um)	gelehrt, gebildet
explicāre, vī oder uī, tum	erörtern, erklären; zustande bringen
facere, iō, fēcī, factum	tun, machen, herstellen
invenīre, vēnī, ventum	(hingelangen), finden
multī (ae, a); Komp. plūrēs (ra), rium; Superl. plūrimī (ae, a)	viele
nātūra, ae f	Natur, Wesen
nōn	nicht
occultus (a, um)	verborgen, geheim
ōrdō, dinis m	Reihe, Ordnung, Stand
patientia, ae f	Ausdauer, Geduld
sed	aber, sondern
vir, virī m	Mann

Die verschiedenen Satzglieder

In dem Text ‚Etiam capillus ūnus habet umbram suam' sind nur zwei Kasus verwendet, der Nominativ für das Subjekt und sein Attribut, der Akkusativ für das Objekt und sein Attribut. Man könnte das Satzmuster mit der Formel $SE_{Akk}P$ abkürzen, wobei P ‚Prädikat', S ‚Subjekt' und E ‚Ergänzung' bedeutet. In dem folgenden Satz steht eine solche Ergänzung im Dativ:

Aliēna nōbis, nostra plūs aliīs placent.	Fremde Dinge gefallen uns, unsere gefallen mehr anderen Leuten.

Das zugrunde liegende Satzmuster wäre mit $SE_{Dat}P$ abzukürzen. Auch der Genitiv kann die Stelle einer Ergänzung einnehmen:

Meminī neque umquam oblīvīscar noctis illīus.	Ich denke an jene Nacht und werde sie niemals vergessen.

Das Subjekt ist hier nur durch die Verb-Endung, nicht durch ein eigenes Wort vertreten, also $(S)PE_{Gen}$. Hier ein Satz, in dem das Prädikat einen Ablativ bei sich hat:

Avārus damnō potius quam sapiens dolet.	Der Geizhals leidet unter einem Verlust eher als der Weise.

Die Formel für das Satzmuster lautet: $SE_{Abl}P$. Es können mehrere Ergänzungen zusammen vorkommen:

Mīles corpus suum perīculō obicit.	Der Soldat wirft seinen Leib der Gefahr entgegen.

Hier haben wir das Satzmuster $SE_{Akk}+E_{Dat}P$. Im folgenden Beispiel sind es sogar drei verschiedene Ergänzungen:

Caesar lēgātō cōpiās subsidiō mīsit.	Caesar schickt dem Kommandeur Truppen zu Hilfe.

Die Satzformel kann mit $SE_{Dat}+E_{Akk}+E_{Dat}P$ wiedergegeben werden. Während ein Dativ die Person nennt, der die Handlung gilt, gibt der andere (subsidiō) den Zweck der Handlung an.

Kasusformen füllen aber nicht nur die Stellen des Subjekts und der Ergänzung zum Prädikat aus. Der Genitiv kann auch das Attribut, d. h. die nähere Bestimmung eines anderen Nomens, darstellen:

Alexander māgnī patris fīlius multō māior fuit.	Alexander war der viel bedeutendere Sohn eines großen Vaters.

Der Nominativ ‚fīlius (multō māior)' steht hier nicht an der Subjektstelle, die durch ‚Alexander' besetzt ist. Er bildet vielmehr die Satzaussage, die in diesem Falle aus einem Prädikatsnomen (PN: fīlius) und einer Hilfsverbform, der sogenannten ‚Kopula' (K: fuit), besteht. Für das Satzmuster ergibt sich die Formel SPN+K. Daß das Prädikatsnomen der entscheidende Teil einer solchen Satzaussage ist, wird dadurch bestätigt, daß die Kopula auch wegfallen kann:

Summum iūs summa iniūria.	Das höchste (formale) Recht (kann) höchstes Unrecht (sein).

Durch die Auslassung der Kopula wird der paradoxe Gedanke, daß gerade durch buchstabengetreue Erfüllung des Gesetzes das Gegenteil von Recht geschehen kann, noch stärker hervorgehoben.

Statt eine Ergänzungsstelle zu füllen, kann ein Ablativ auch die Funktion einer adverbialen Bestimmung ausüben:

Concordiā parvae rēs crēscunt, discordiā maximae dīlābuntur.	Durch Eintracht werden kleine Dinge groß, durch Zwietracht gehen die größten zugrunde.

Vom Satzbau her gesehen sind die beiden Ablative ‚concordiā' und ‚discordiā' entbehrlich. Denn ‚crēscere = wachsen' und ‚dīlābī = vergehen' sind Verben, die neben dem Subjekt keiner weiteren Ergänzung bedürfen. Für die Bedeutung des Satzes aber sind die beiden Ablative zentral. Es genügt also nicht, die Form zu bestimmen und die Funktion (Adv. Best.) zu erkennen, man muß sich vielmehr immer fragen, was die einzelnen Wörter für den Sinnzusammenhang bedeuten.

Die einzelnen Kasus können also folgende Funktionen erfüllen:

Kasus	Funktion	Latein	Deutsch
Nominativ	Subjekt	Parvae rēs crēscunt.	Kleine Dinge wachsen.
	Prädikatsnomen	Alexander fīlius rēgis erat.	Alexander war der Sohn eines Königs.
Genitiv	Attribut	Alexander, fīlius rēgis ...	Alexander, Sohn eines Königs
	Ergänzung	Nōn oblīvīscar noctis illīus.	Ich werde jene Nacht nicht vergessen.
Dativ	Ergänzung	Mīles sē perīculō obicit.	Der Soldat setzt sich der Gefahr aus.
Akkusativ	Ergänzung	Helvētiī Germānōs prohibent.	Die Helvetier wehren die Germanen ab.
	Adverbiale Best.	Ā rēctā viā nōn licet digitum discēdere.	Vom rechten Weg darf man keine Handbreit abweichen.
Ablativ	Adverbiale Best.	Concordiā parvae rēs crēscunt.	Durch Eintracht werden kleine Dinge groß.
	Ergänzung	Caesar oppidō potītus est.	Caesar bemächtigte sich der Stadt.

Wie im Deutschen haben auch im Lateinischen die Satzglieder oft die Form präpositionaler Ausdrücke (z. B. Ergänzung: iūdex dē reō iūdicat „Der Richter verurteilt den Angeklagten“ oder Adv. Best.: litterās ā tē exspectō „Ich erwarte einen Brief von dir“).

Übung 6:

Welche Satzglieder stellen die Kasusformen in dem folgenden Textausschnitt dar? Übersetze den Text!

Es ist die Rede von Caesars Unternehmungen nach dem Rheinübergang im Jahre 55 vor Chr.

Caesar paucōs diēs in Sugambriōrum fīnibus morātus est. Sugambrī Germānī erant et regiōnēs trāns Rhēnum sitās incolēbant. Ibī Caesar omnēs vīcōs et omnia aedificia incendit. Sugambrī calamitātis illīus numquam oblītī sunt. Deinde Caesar in fīnēs Ubiōrum profectus est atque hīs auxilium prōmīsit. Ubiī Caesarī rēs ā Suēbīs gestās rettulērunt. Suēbī enim concilium habuerant et līberōs, uxōrēs suaque omnia in silvīs dēposuerant. Virī autem armātī ūnum in locum convēnerant. (Nach Caesar, BG IV 19, 1–3)

Vokabeln:

aedificium, iī n	Gebäude
auxilium, iī n	Hilfe
armātus (a, um)	bewaffnet
calamitās, tātis f	Schaden, Unglück
concilium, iī n	Versammlung
convenīre, vēnī, ventum	zusammenkommen, sich einigen
deinde Adv.	darauf, ferner
dēpōnere, posuī, positum	niederlegen, aufgeben
diēs, diēī m f	Tag (m), Termin (f)
ibī	Adv. dort
incendere, cendī, cēnsum	in Brand stecken
incolere, coluī, cultum	siedeln, bewohnen
līberī, ōrum m Pl	die (frei geborenen) Kinder
locus, ī m	Ort, Platz, Stelle
morārī, tus sum (Deponens) (mora 19)	(sich) aufhalten
numquam	Adv. niemals
oblīvīscī, oblītus sum	vergessen
omnis (e), is	jeder, ganz; Pl alle
paucī (ae, a)	wenige (vgl. multī 22)
proficīscī, profectus sum	aufbrechen, reisen
prōmittere, mīsī, missum	versprechen, in Aussicht stellen
referre, referō, rettulī, relātum	bringen, berichten
regiō, ōnis f	Richtung, Gegend
rēs, reī f	Gegenstand, Sache, Angelegenheit
silva, ae f	Wald
situs (a, um)	gelegen, befindlich
trāns b. Akk.	über . . . hinaus, jenseits von
uxor, ōris f	Frau, Ehefrau
vīcus, ī m	Gehöft, Dorf; Stadtviertel

Der Ablativ

Der Kasus Ablativ hat im Deutschen keine Entsprechung. Er wird meist mit präpositionalen Wendungen wiedergegeben:

Alexander nātiōne Macedō, ērudītiōne et studiīs Athēniēnsis.	Alexander war von Herkunft ein Makedone, durch Bildung und aufgrund seiner geistigen Beschäftigung ein Athener.

Nurt ganz selten kann man im Deutschen einen lateinischen Ablativ durch einen bloßen Kasus wiedergeben:

nocte (Ablativ)	nachts (Genitiv)

Ablative werden im Lateinischen sehr häufig verwendet; als adverbiale Bestimmungen:

Castra nōn longō spatiō ab oppidō distābant.	Das Lager war nicht weit von der Stadt entfernt.

als Ergänzungen:

Caesar oppidō potītus est.	Caesar hat die Stadt eingenommen.

auch als Attribute:

vir māgnā sapientiā	ein Mann von großer Weisheit

Häufig tritt der Ablativ in Verbindung mit einer zweiten Ablativform, meist einem Partizip, in einer satzwertigen Konstruktion auf. Man kann sie im Deutschen am besten durch einen Gliedsatz oder durch ein Verbalsubstantiv wiedergeben:

Caesare duce	als Caesar die Führung hatte unter Caesars Führung
Rōmulō rēgnante	als Romulus herrschte während der Herrschaft des Romulus
rē cōgnitā	nachdem die Sache bekannt geworden war nach Bekanntwerden der Sache

Eine solche Einbettung eines Satzinhalts in einen anderen Satz:

Caesare duce lēgiōnēs in Galliam profectī sunt.	Unter Caesars Führung brachen die Legionen nach Gallien auf.

wird ‚Ablativus absolutus' („losgelöster Ablativ") genannt. Denn die Konstruktion ist nicht formal mit einem anderen Satzglied verbunden, ‚hängt' nicht von einem anderen Satzglied ‚ab'. Es bleibt offen, ob sie dem übergeordneten Satz eine Begründung, eine Orts- oder Zeitbestimmung, eine Angabe des Mittels o. a. zufügt. Eine solche Beziehung geht nur aus den Bedeutungsverhältnissen der Wörter zueinander hervor. Beim Übersetzen ins Deutsche muß jedoch die Beziehung zwischen Abl. abs. und übergeordnetem Satz ausgedrückt werden.

Welcher Art die inhaltliche Beziehung zwischen einem Ausdruck im Ablativ und dem übergeordneten Satz sein kann, soll folgende Übersicht zeigen:

Bedeutungsmöglichkeiten des lateinischen Ablativs:

Separativus:			
1	Trennung	Verrēs templa omnibus dōnīs ōrnāmentīsque nūdāvit.	Verres beraubte die Tempel all ihrer Gaben und Kostbarkeiten.
2	Herkunft (originis)	Cicerō equestrī locō nātus erat.	Cicero stammte aus dem Ritterstand.
3	Vergleich (comparationis)	Cōnsul suam salūtem posteriōrem salūte commūnī dūxit.	Der Konsul achtete sein eigenes Wohl geringer als das gemeine Wohl.
Locativus:			
1	Ort (loci)	Terrā marīque pūgnātum est.	Zu Wasser und zu Lande wurde gekämpft.
2	Zeit (temporis)	Caesar prīmā lūce profectus est.	Caesar brach am frühen Morgen auf.
Instrumentalis:			
1	Mittel	Barbarī fugā salūtem petīvērunt.	Die Fremden suchten ihr Heil in der Flucht.
2	Begleitung (sociativus)	Caesar omnibus cōpiīs in Sēquanōs proficīscitur.	Caesar marschiert mit all seinen Truppen in das Gebiet der Sequaner.
3	Art und Weise (modi)	Eādem ratiōne quā prīdiē ā nostrīs resistitur.	Auf die gleiche Weise wie am Vortage wird von unseren Leuten Widerstand geleistet.

4	Eigenschaft (qualitatis)	Ille vir summā audāciā fuit.	Jener war ein Mann von höchster Kühnheit.
5	Grund, Ursache (causae)	Laetāmur bonīs rēbus et dolēmus contrāriīs.	Wir freuen uns über gute Dinge und sind betrübt über das Gegenteil.
6	Hinsicht (limitationis)	Multī nātūrīs differunt, voluntāte autem similēs sunt.	Viele unterscheiden sich in ihrem Wesen, sind sich aber in ihren Neigungen ähnlich.
7	Unterschied, Abstand (mensurae)	Alexander māgnī patris fīlius multō māior fuit.	Alexander war der bei weitem größere Sohn eines großen Vaters.
8	Preis (pretii)	Caelius condūxit nōn māgnō (pretiō) domum.	Caelius hat ein Haus billig gemietet.

Übung 7:

Welche Bedeutung haben die im folgenden Text (mit oder ohne Präposition) vorkommenden Ablative? Welche Funktion erfüllen sie jeweils als Satzglied?

Übersetze den Text!

Antīquīs temporibus hominēs ab immortālibus īgnem petēbant. Misericordiā adductī hominibus deī īgnem commīsērunt. Sed hominēs īnscientiā suā īgnem servāre nōn potuērunt. Itaque frīgore atque inopiā labōrābant. Tum Promētheus dolō īgnem dēnuō dētulit in terram et hominibus mōnstrāvit, quōmodō eum cinere obruere et hāc ratiōne servāre possent. Hōc factō īrātus Iuppiter Promētheum punīre cōgitāvit. Eā dē causā Mercūrium in terram mīsit, quī Promēthēum in monte Caucasō vinculīs ferreīs ad saxum dēligāvit. Multōs post annōs Herculēs Promethēum vinculīs līberāvit. (Nach Hyginus, Fab. 144)

Erläuterungen:

cinis, neris m	Asche
obruere	überschütten, bedecken
ferreus (a, um)	eisern
dēligāre	anbinden, fesseln

Vokabeln:

addūcere, dūxī, ductum	heranführen, veranlassen
annus, ī m	Jahr
antīquus (a, um)	alt
causa, ae f	Ursache
cōgitāre, vī, tum	denken, beabsichtigen
committere, mīsī, missum	1. zustande bringen, veranstalten 2. anvertrauen
dēferre, ferō, tulī, lātum	hinbringen, berichten
dēnuō	Adv. von neuem
deus, ī m	Gott
dolus, ī m	List, Täuschung
factum, ī m (facere 22)	Handlung, Tatsache
frīgus, oris n	Kälte, Frost
homō, hominis m	Mensch
īgnis, is m	Feuer, Brand
immortālis (e), is	unsterblich; m Pl. die Götter
inopia, ae f	Mangel, Not
īnscientia, ae f	Unwissenheit
itaque	(und so), daher
labōrāre, vī	sich anstrengen, leiden
līberāre, vī, tum (līberī 25)	befreien
misericordia, ae f	Mitleid, Barmherzigkeit
mittere, mīsī, missum	schicken, gehen lassen
mōns, montis m	Berg
mōnstrāre, vī, tum	zeigen
posse, possum, potuī	können; Einfluß haben, gelten
post b. Akk.	nach (zeitlich)
pūnīre, vī, tum	bestrafen
quōmodō Adv.	wie, auf welche Weise
ratiō, ōnis f	Vernunft; Grund; Art und Weise
saxum, ī n	Fels, Stein
servāre, vī, tum	behüten, bewahren, retten
tempus, poris n	Zeit
terra, ae f	Erde, Land
vinculum, ī n	Band, Fessel

Der Akkusativ

Die Funktion der Akkusativergänzung haben der lateinische und der deutsche Kasus gemeinsam:

Menēnius Agrippa plēbem in urbem redūxit.	Menenius Agrippa führte das Volk in die Stadt zurück.

Auch die Verwendung als adverbiale Bestimmung findet sich in beiden Sprachen:

Mūrus decem pedēs altus erat.	Die Mauer war 10 Fuß hoch.

Doch kann der Akkusativ im Lateinischen auch in einer Konstruktion begegnen, die dem Deutschen fremd ist, im ‚Akkusativ mit Infinitiv' (AcI). Sie ist – wie der ‚Ablativus absolutus' – satzwertig, d. h. sie stellt die Einbettung eines Satzinhalts in einen übergeordneten Satz dar. Im AcI kann der Akkusativ die Funktion des Subjekts haben. Das ist in der entsprechenden deutschen Infinitivkonstruktion nicht möglich. Folgende Sätze sind noch vergleichbar:

Patrem domum venīre videō.	Ich sehe den Vater nach Hause kommen.

Die Vergleichbarkeit beruht darauf, daß sowohl ‚patrem' wie „den Vater" als Ergänzung zu ‚vidēre' bzw. „sehen" verstanden werden können. Sowie man aber ein anderes Verb einsetzt, gehen die Konstruktionen der beiden Sprachen auseinander:

Patrem domum venīre gaudeō.	Ich freue mich, daß Vater nach Hause kommt.
	Ich freue mich über die Heimkehr des Vaters.

Man sieht, daß die deutschen Äquivalente für den lateinischen AcI die gleichen sind, auf die das Deutsche auch für die Wiedergabe eines Abl. abs. angewiesen ist, nämlich der Gliedsatz und das Verbalsubstantiv.

Im AcI werden Sachverhalte und Vorgänge formuliert, die entweder Inhalt einer sprachlichen Äußerung:

Explōrātōrēs Caesarī nūntiāvērunt Helvētiōs per prōvinciam iter facere velle.	Kundschafter meldeten Caesar, daß die Helvetier durch die Provinz ihren Weg nehmen wollten.

oder Gegenstand von Gedanken und Meinungen sind:

Caesar exercitum Rōmānum ab Helvētiīs olim pulsum esse memoriā tenēbat.	Caesar vergaß nicht, daß einst ein römisches Heer von den Helvetiern geschlagen worden war.

Ähnlich wie der Abl. abs. ist der AcI zu einer sehr häufig verwendeten Konstruktion geworden, der man fast in jedem Text begegnet.

Übung 8:

Wo sind in dem folgenden Text Beispiele für Abl. abs. und AcI?

Übersetze den Text!

Caesar autumnō exeunte lēgiōnēs suās in Helviōs convenīre iussit. Nam per montem Cebennam, quī Arvernōs ab Helviīs dīvidit, iter facere cōnstituerat. Sed mōns Cebenna dūrissimō tempore annī altissimā nive iter impediēbat. Itaque Arvernī sē Cebennā ut mūrō mūnītōs esse exīstimābant. Tamen Caesar discussā nive in altitūdinem pedum sex atque ita viīs patefactīs summō mīlitum labōre ad fīnēs Arvernōrum pervēnit. (Nach: Caesar, BG VII 8)

Erläuterungen:

Arvernī, ōrum m	gallischer Stamm in der Gegend der heutigen Auvergne
Helviī, ōrum m	ihre Nachbarn zur Rhone hin
mōns Cebenna	die Cevennen, der Steilabfall des Zentralmassivs zur Rhone hin (Wetterscheide zwischen Atlantik und Mittelmeer)
discutere, tiō, cussī, cussum	zerspalten, vertreiben

Vokabeln:

altitūdō, dinis f	Höhe; Tiefe
altus (a, um)	hoch; tief
autumnus, ī m	Herbst
cōnstituere, uī, tūtum (statuere 20)	aufstellen; festsetzen, beschließen
dīvidere, vīsī, vīsum	trennen, teilen
dūrus (a, um)	hart, beschwerlich
exīre, eō, iī, itum; Part. Präs. Akt. exiēns, euntis	herausgehen
exīstimāre, vī, tum	einschätzen, meinen
impedīre, vī, tum	hindern, verhindern
iter, itineris n	Weg, Reise

iubēre, iussī, iussum	befehlen, anordnen
labor, ōris m (labōrāre 29)	Arbeit, Anstrengung, Not
legiō, ōnis f	Legion (ca. 5000–6000 Mann)
mīles, mīlitis m	Soldat
mūnīre, vī, tum	bauen, befestigen
mūrus, ī m	Mauer
nix, nivis f	Schnee
patefacere, iō, fēcī, factum (facere 22)	öffnen, enthüllen
pervenīre, vēnī, ventum (convenīre 25)	(ans Ziel) gelangen, hinkommen
pēs, pedis m	Fuß; als Längenmaß ca. 30 cm
sex	sechs
summus (a, um)	oberster, höchster
tamen	trotzdem
ut (beim Vergleich)	wie
via, ae f	Weg, Straße

Kasuslehre auf einen Blick

	Nominativ	Genitiv	Dativ	Akkusativ	Ablativ
Satzglied	<u>Subjekt</u> <u>Attribut</u> <u>Prädikats-nomen</u>	Objekt <u>Attribut</u> Prädikats-nomen	<u>Objekt</u> Adv. Best. Attribut Prädikats-nomen	<u>Objekt</u> <u>Adv. Best.</u> Attribut Prädikats-nomen	Objekt <u>Adv. Best.</u> Attribut Prädikatsnomen
Frage	Quis? Quid? Wer oder was?	Cuius? Wessen?	Cui? Wem?	Quem? Quid? Wen oder was?	z. B. ubī? Wo? unde? Woher? quandō? Wann?
Grund-bedeutung	Satzgegen-stand	Nähere Be-stimmung durch Zu-ordnung zu . . .	Zuwendung, Beteiligung, Zweck	Richtung, Ziel, räum-liche und zeitliche Ausdehnung	1. Trennung, Her-kunft (separa-tiv) 2. Ort, Zeitpunkt (lokativ) 3. Mittel (instru-mental) und Begleiterschei-nung (sociativ)

	Nominativ	Genitiv	Dativ	Akkusativ	Ablativ
Besondere Funktionen		Gen. subiectivus und obiectivus (amor patris: „des Vaters/ zum Vater“), partitivus (sōlus omnium), qualitatis (eius modī nāvēs)	Dat. possessivus (mihi domus est), finalis (auxiliō mittere „zu Hilfe“)		1. originis (humilī locō nātus: „von niedriger Herkunft“), comparationis (spē celerius: „schneller als erwartet“) 2. temporis 3. causae (metū „aus Furcht“), modi (eā ratiōne: „auf diese Weise“)
verdeutlicht durch				z. B. ad, apud, propter, ante, post usw.	ā/ab, ē/ex, dē, sine usw.
abhängig von		Substantiven und Verben (oblīvīsci, accūsāre u. a.)	Adjektiven (hominī ūtile „für den Menschen“), Verben (invidēre u. a.)	Adjektiven (sex pedēs altus „6 Fuß hoch“), Verben (sequī, adiuvāre u. a.)	Adjektiven (eā rē dīgnus „dieser Sache würdig“), Verben (ūtī, dolēre, abstinēre u. a.)
			prōvidēre: „sorgen für . . .“	prōvidēre: „vorhersehen“	

Wortkunde

1 Der Kernwortschatz

Je häufiger bestimmte Vokabeln in den Texten vorkommen, desto wichtiger ist es, sie zu lernen und zu behalten. Statistische Untersuchungen haben ergeben, daß etwa die Hälfte der Gesamtzahl der Wörter, die in der lateinischen Schullektüre vorkommen, von nur 100 verschiedenen Vokabeln dargestellt wird. Wenn man annimmt, daß ein lateinisches Lexikon 50000 Vokabeln enthält, so würde das bedeuten, daß die 100 häufigsten Wörter in den Texten ebensooft zu finden sind wie die übrigen 49900. Mit 1000 verschiedenen Vokabeln erfaßt man im Schnitt schon 80% der Texte, mit 3000 sogar 90%, so daß die 47000 anderen Vokabeln nur etwa 10% des verwendeten Wortschatzes repräsentieren:

1. Hundert verschiedene Vokabeln:	50% der Textmenge
2. Tausend verschiedene Vokabeln:	80% der Textmenge
3. Dreitausend verschiedene Vokabeln:	90% der Textmenge
4. Rest: 47000 verschiedene Vokabeln:	10% der Textmenge

Aus dieser statistischen Struktur der Wortverwendungen ergibt sich z. B. die Tatsache, daß uns manche Wörter als ‚gesucht' erscheinen, wenn sie in einer aus häufigen Wörtern geformten Rede vorkommen.

Wenn wir die grammatischen Wörter, d. h. Präpositionen, Konjunktionen, Pronomina, Adverbien, Partikeln unberücksichtigt lassen, die sowieso schon 30% bis 50% jeder Textmenge ausmachen, und nach den ‚Nennwörtern' (Substantiven, Adjektiven, Verben) fragen, die in der Schullektüre am häufigsten vorkommen, erhalten wir folgende Liste von 100 Vokabeln:

accipere. iō, cēpī, ceptum
aetās, tātis f
ager, grī m
agere, ēgī, āctum
5 amīcus, ī m
animus, ī m
annus, ī m
arbitrārī, or, ātus sum
auctōritās, tātis f
10 audīre, vī, tum
bellum, ī n
bonus (a, um)
capere, iō, cēpī, captum
castra, ōrum n Pl
15 causa, ae f
cīvitās, tātis f
cōgnōscere, gnōvī, gnitum
cōnsilium, iī n
cōnsul, lis m
20 corpus, poris n
crēdere, didī, itum
dare, dō, dedī, datum

dēbēre, uī, itum
deus, ī m
25 dīcere, dīxī, dictum
diēs, eī m/f
dīgnitās, tātis f
domus, ūs f
exercitus, ūs m
30 facere, iō, fēcī, factum
facilis (e), is
ferre, ferō, tulī, lātum
fierī, fiō, factus sum
fortuna, ae f
35 genus, eris n
gerere, gessī, gestum
gravis (e), is
habēre, uī, itum
homō, minis m
40 hostis, is m
imperium, iī n
intellegere, lēxī, lēctum
iubēre, iussī, iussum
iūdex, iūdicis m
45 iūdicium, iī n
iūs, iūris n
labor, ōris n
lēgātus, ī m
lēx, lēgis f
50 litterae, ārum f Pl
locus, ī m
longus (a, um)
māgnus (a, um)
manus, ūs f
55 mittere, mīsī, missum
modus, ī m
multus (a, um)
nāvis, is f
nōmen, minis n
60 novus (a, um)
omnis (e), is
oppidum, ī n
pars, partis f
pater, patris m
65 perīculum, ī n
petere, tīvī, tītum
populus, ī m
posse, possum, potuī
prōvincia, ae f
70 pūblicus (a, um)
putāre, vī, tum
relinquere, līquī, lictum
rēs, reī f
rēs pūblica, reī pūblicae f
75 rēx, rēgis m
scīre, vī, tum
scrībere, scrīpsī, scrīptum
senātus, ūs m
senectūs, tūtis f
80 senex, senis m f
sīgnum, ī n
socius, iī m
solēre, solitus sum
studium, iī n
85 summus (a, um)
tempus, poris n
tenēre, uī
terra, ae f
tollere, tollō, sustulī, sublātum
90 tōtus (a, um); Gen tōtīus, Dat tōtī
urbs, urbis f
ūtī, ūtor, ūsus sum
velle, volō, voluī (Praes: vīs, vult, vultis)
venīre, vēnī, ventum
95 vidēre, vīdī, vīsum, vidērī, vīsus sum
vir, virī m
virtūs, tūtis f
vīs (vim, vī) f; Pl vīres, vīrium f
vīta, ae f
100 vīvere, vīxī, vīctum

Diese 100 Vokabeln werden in den folgenden Übungen nicht mehr angegeben.

Übung 9:

Nenne, möglichst ohne nachzuschlagen, die deutschen Bedeutungen dieser hundert Vokabeln!

2 Die Gliederung des Wortschatzes

Wenn man die Vokabeln als isolierte Einzelheiten lernen müßte, könnte man sie kaum im Gedächtnis behalten. Doch gibt es vielfältige Beziehungen zwischen ihnen, die man als Lernhilfe nutzen kann. Nehmen wir als Beispiel die Reihe iūdex („Richter"), iūdicium („Urteilsspruch"), iūs („Recht"). Diese Wörter gehören zunächst einmal als Substantive der gleichen Wortart an. Durch den gemeinsamen Stamm ‚iū(s)' bilden sie zudem eine Wortfamilie, zu der weitere Vokabeln zählen, z. B. ‚iudicāre' („Recht sprechen, urteilen"), ‚iūstus' („gerecht"), ‚iūstitia' („Gerechtigkeit") u. a. Man kann diese Vokabeln nun im Hinblick auf die Wortbildung betrachten. So sind etwa iūdex, iūdicāre, iūdicium Zusammensetzungen von iūs mit dīcere, haben also mit „Rechtsprechung" zu tun. Von iūstus läßt sich – dem Deutschen entsprechend – durch Vorsetzen eines verneinenden Präfixes der Gegenbegriff bilden: in-iūstus „un-gerecht". Das Wort iūstitia ist durch Ableitung von dem Adjektiv iūstus gebildet, indem das Suffix -itia, ae f angefügt wurde, welches das Bedeutungsmerkmal ‚menschliches Verhalten' enthält (vgl. laetitia „Fröhlichkeit"). Während all diese Beziehungen auch an der Form der Wörter ablesbar sind, betreffen andere nur ihre Bedeutung. Die Wörter iūdex, iūdicium, iūdicāre gehören in den Sachbereich ‚Rechtsprechung'. Dort steht dem iūdex („Richter") der reus („Angeklagter") gegenüber, der von einem patrōnus („Anwalt") verteidigt wird. So gehört zum iūdicāre („Urteil sprechen") dort das dēfendere („verteidigen"). Das iūdicāre wiederum läßt sich differenzieren in absolvere („freisprechen") und damnāre („verurteilen"), das wiederum das pūnīre („bestrafen") zur Folge hat usw. Andererseits gehört außerhalb dieses Sachbereichs iūdicāre mit anderen Wörtern des Urteilens, Meinens, Dafürhaltens zusammen in ein gemeinsames Wortfeld. In ihm sind bedeutungsähnliche (synonyme) Wörter enthalten, die dazu dienen können, bestimmte Nuancen auszudrücken. So haben etwa aestimāre und exīstimāre das Merkmal des Bewertens und Einschätzens, arbitrārī das Merkmal der schiedsrichterlichen Entscheidung, cēnsēre das Merkmal der offiziellen Meinungsäußerung, z. B. im Senat. Schließlich erscheinen Wörter in den Texten in bestimmten Wortfügungen, die Verben des Urteilens, Meinens, Dafürhaltens z. B. mit dem AcI:

Quīdam iūdicātus est parentem occīdisse . . .	Jemand ist dafür verurteilt worden, seinen Vater umgebracht zu haben . . .

All diese Beziehungen verknüpfen jede Vokabel mit vielen anderen Wörtern. Man kann das am Beispiel ‚iūdicāre' in dem folgenden Schaubild zeigen:

Wortfamilie:
iūs, iūstus, iūstitia, iūdex, iūdicium, iūdicāre . . .

Wortart:
iūdicāre
Verb (wird nach Person, Numerus, Tempus, Modus und Aktiv/Passiv verändert)

Wortbildung:
Zusammensetzung aus iūs („Recht") und dīcere („sagen, sprechen")

Vokabeln:
iūdicāre, vī, tum
urteilen, beurteilen

Wortfügungen:
Inhalt des Urteils oft im AcI ausgedrückt

Wortfeld:
Ausdrücke des Urteilens, Meinens, Dafürhaltens (exīstimāre, arbitrārī, putāre, cēnsēre, habēre, rērī . . .)

Sachbereich:
Rechtsprechung (iūdex, iūdicium, reus, patrōnus, causa, accūsāre, dēfendere, absolvere, damnāre . . .)

Übung 10:

Folgende Vokabeln gehören mit bestimmten Wörtern der Hunderterliste in die gleiche Wortfamilie. Nenne das verwandte Wort der Liste, beschreibe die Wortbildung und gib die deutsche Bedeutung an!

inimīcus – bellāre – cīvis – cīvīlis – dea – difficilis – habitus, ūs m – imperāre – labōrāre – modestus (a, um) – patria – rēgius (a, um) – rēgnāre – rēgnum, ī n – nescīre – senātor – studēre – nōlle – vīvus (a, um)

Übung 11:

Von den folgenden Verben der Hunderterliste gibt es zahlreiche Komposita. Nenne die Bedeutungen der Komposita!

1. agere	cōgere – exigere – peragere – redigere
2. capere	concipere – dēcipere – excipere – incipere – percipere – recipere – suscipere
3. dīcere	ēdīcere – indīcere
4. facere	afficere – cōnficere – efficere – interficere – perficere – reficere
5. ferre	afferre – auferre – cōnferre – dēferre – differre – efferre – īnferre – offerre – perferre – referre
6. habēre	adhibēre – cohibēre – prohibēre
7. mittere	admittere – committere – dēmittere – dīmittere – permittere – prōmittere – remittere
8. petere	appetere – repetere
9. tenēre	abstinēre – continēre – obtinēre – pertinēre – retinēre – sustinēre
10. venīre	advenīre – circumvenīre – convenīre – ēvenīre – invenīre – pervenīre – subvenīre

Übung 12:

Die folgenden neun Vokabeln gehören in drei verschiedene Wortfelder. Stelle die zueinander gehörenden Wörter zusammen und gib den drei Gruppen die passenden Überschriften.

agere – rēs pūblica – scīre – intellegere – cīvitās – gerere – cōgnōscere – populus – facere

Übung 13:

Im folgenden sind drei Sachbereiche angeführt, denen schon einige Wörter zugeordnet wurden. Füge diejenigen Wörter aus der Hunderterliste hinzu, die in diese Sachbereiche hineingehören!

1. Staat und Politik:
senātor, ōris m Senator, Mitglied des Senats
comitia, ōrum n Pl. Volksversammlung, Wahlen
forum, ī n Marktplatz, Öffentlichkeit . . .

2. Rechtswesen:
causa, ae f Ursache, Rechtssache
testis, is m Zeuge
arguere, uī anschuldigen, darlegen . . .

3. Zeitbegriffe:
saeculum, ī n Zeitalter, Jahrhundert
hōra, ae f Stunde, Zeit
mēnsis, is m Monat . . .

Das Übersetzen

Grammatik- und Wortschatzkenntnisse erfüllen ihren Zweck beim Übersetzen lateinischer Texte. Die Probleme, die dabei entstehen, sind einmal solche der Form, zweitens solche der Bedeutung. Die grammatische Konstruktion des lateinischen Ausgangstextes muß in ihrer Funktion erkannt werden, damit man sie durch eine entsprechende Konstruktion des Deutschen wiedergeben kann. Die Bedeutung der lateinischen Wörter muß verstanden werden, damit man einen deutschen Ausdruck finden kann, der diese Bedeutung am besten wiedergibt.

Beim Übersetzen erfährt die grammatische Struktur des Ausgangstextes mancherlei Veränderungen, die durch den verschiedenen Sprachbau des Lateinischen und des Deutschen bedingt sind. Zunächst fallen die Hinzufügungen auf, die vor allem durch die Artikellosigkeit des Lateinischen bedingt sind:

Belgae sē suaque omnia in fidem atque potestātem populī Rōmānī permīsērunt. (Caesar, BG II 3, 2)	Die Belger unterstellten sich und alle ihre Habe dem Schutz und der Herrschaft des römischen Volkes.

Der Übersetzer benötigt 16 deutsche Wörter, um die 11 lateinischen wiederzugeben. Er hat vier Formen des bestimmten Artikels hinzugefügt. Das Bedeutungsmerkmal des Sachbesitzes, das die lateinische Wortgruppe ‚sua omnia' enthält, drückt er mit einem eigenen Substantiv („Habe") aus. Die textnahe Übersetzung „alles Ihrige" würde fremd klingen.

Die deutsche Wortstellungsregel zwingt den Übersetzer zu Umstellungen:

> Belgae sē in fidem populī Rōmānī permīsērunt.
>
> Die Belger unterstellten sich dem Schutz des römischen Volkes.

Nach der Regel ist im deutschen Aussagesatz die Zweitstelle im Satz der finiten Verbform vorbehalten, während diese im Lateinischen in ihrer Stellung frei ist.

Wo im Deutschen eine dem lateinischen Vorbild entsprechende Konstruktion fehlt, kommt es zu Ersetzungen (Substitutionen). Während z. B. im Lateinischen Einbettungen von Satzinhalten in einen übergeordneten Satz mit Hilfe von Verbaladjektiven (Partizip, Gerundivum) vorgenommen werden, stehen im Deutschen dafür nur Verbalsubstantive zur Verfügung. Ein solches ‚ersetzt' dann die lateinische Konstruktion:

> Hannibal sah im Jahr 216 vor Chr. trotz seines Sieges über die Römer bei Cannae in Apulien von einem Angriff auf Neapel ab. Livius begründet diese Entscheidung folgendermaßen (XXIII 1, 10):

Ab urbe oppūgnandā Poenum absterruērunt cōnspecta moenia . . .	Von einem Sturm auf die Stadt schreckte Hannibal der Anblick ihrer Mauern ab . . .

Da solche Konstruktionen mit Partizip oder Gerundivum im Lateinischen satzwertig sind, kann der Übersetzer im Deutschen auch einen Gliedsatz wählen:

Caesar oppidum paucīs dēfendentibus expūgnāre nōn potuit.	Obwohl nur wenige sie verteidigten, konnte Caesar die Stadt nicht einnehmen.

In diesem Fall ist der Übersetzer aber gezwungen, die Bedeutungsbeziehung zwischen Gliedsatz und übergeordnetem Satz, die konzessiver Art ist, durch eine Konjunktion zum Ausdruck zu bringen. Im lateinischen Text hat das „obwohl" keine Entsprechung.

Umformungen des Ausgangstextes beim Übersetzen:	
(1) Umstellungen	Finites Verb rückt aus der Endstellung in die Zweitstellung.
(2) Ersetzungen (Substitutionen)	Verbalsubstantiv oder Gliedsatz für Partizip- oder Gerundiv-Konstruktion, Gliedsatz mit „daß" für AcI, Genitiv für Ablativ (nocte → „nachts"), präpositionale Wendung für Ablativ (eādem ratiōne → „auf dieselbe Weise")
(3) Hinzufügungen	Artikel (oppidum: „die Stadt"; „eine Stadt"), Possessivpronomen (cōnspecta moenia: „Anblick ihrer Mauern"), Adverb (paucī: „nur wenige")
(4) Weglassungen	flūmen Rhēnus: „der Rhein", pūgna ad Cannās facta: „die Schlacht bei Cannae"

Schließlich können sich auch Weglassungen als sinnvoll erweisen:

Germānī flūmen Rhēnum trānsiērunt.	Die Germanen überschritten den Rhein.

Während Caesar seinem römischen Publikum erklären muß, daß es sich um den Namen eines Flusses handelt, kann sich der deutsche Übersetzer eine solche Erklärung sparen, da jeder den Namen kennt.

Übung 14:

Beschreibe die sprachliche Form der deutschen Wiedergabe des folgenden Satzes:

Complūribus nāvibus āmissīs māgna tōtīus exercitūs perturbātiō facta est. (Caesar, BG IV 29, 3)

1. Als mehrere Schiffe verlorengegangen waren, kam es zu einer großen Verwirrung des ganzen Heeres.
2. Nach Verlust mehrerer Schiffe . . .
3. Sie verloren mehrere Schiffe. Danach kam es zu einer großen Verwirrung . . .

Wähle die entsprechenden Übersetzungsmöglichkeiten bei dem folgenden Beispiel:

His rēbus in Itāliam Caesarī nūntiātīs in Trānsalpīnam Galliam profectus est. (Caesar, BG VII 6, 1)

Übung 15:

Bestimmter oder unbestimmter Artikel?

Hōc proeliō factō pontem in Ararī faciendum cūrat. (Caesar, BG I 13, 1)	Nach diesem Gefecht läßt er . . . Brücke über . . . Arar bauen.

Erläuterung:

Arar, Araris m	Fluß in Gallien (Saône)

Im Hinblick auf die Bedeutung der Wörter des Textes besteht das Problem für den Übersetzer darin, mit Hilfe der gelernten Bedeutung (Lexikonbedeutung) den Sinn zu finden, den ein Wort an einer bestimmten Textstelle hat (Kontextbedeutung) und dafür den passenden deutschen Ausdruck zu wählen.

Das ist in dem folgenden Beispiel leicht, wo die konkrete Bedeutung der beiden Adjektive ‚māgnus' und ‚parvus' durch diejenigen Abstrakta ersetzt wird, die den Sinn der Sentenz hervorheben:

Hominēs verbīs parvam rem māgnam facere solent.	Die Menschen pflegen mit Worten eine unbedeutende Sache zu einer wichtigen zu machen.

Wie soll man aber von der gelernten Bedeutung novus (a, um): „neu" auf die Bedeutung des Wortes in dem folgenden Satz kommen?

Inter novissimum hostium agmen et nostrum prīmum quīnque aut sex milia passuum intererant. (Caesar, BG I 15, 5)	Zwischen der feindlichen Nachhut und unserer Vorhut war ein Abstand von 5 bis 6 Meilen.

Hier handelt es sich um einen militärischen Fachausdruck, der das Bedeutungsmerkmal ‚jüngster, letzter' hervorhebt. In der folgenden Lagebeurteilung Ciceros gleich nach Caesars Ermordung 44 vor Chr. sind die Vokabeln

spectāre, vī, tum	betrachten, zuschauen

und

castra, ōrum n Pl.	Lager

offensichtlich nicht in ihrer gewöhnlichen Bedeutung verwendet:

Mihi autem nōn est dubium, quīn rēs spectet ad castra. (Brief an Atticus, XIV 21, 3)	Mir aber ist es nicht zweifelhaft, daß die Sache auf eine bewaffnete Auseinandersetzung hinausläuft.

Hier liegt stilistische Wortverwendung vor. Die Richtung, welche die innenpolitische Entwicklung genommen hat, wird in ein Bild gefaßt: Die Situation „schaut" in eine bestimmte Richtung. Diese aber wird nicht als ‚bellum cīvīle' („Bürgerkrieg") bezeichnet, sondern durch etwas Konkretes charakterisiert, das Feldlager, womit statt des weiteren Begriffs der engere gewählt ist (pars prō tōtō).

Fachausdruck und Stilfigur sind nur zwei Möglichkeiten, bei denen die Kontextbedeutung nicht unmittelbar von der Lexikonbedeutung aus gefunden werden kann. Manchmal erlaubt die grammatische Konstruktion das Einsetzen der gelernten Bedeutung nicht, z. B. hier, wo die Vokabel

vīvus (a, um)	lebendig, am Leben

in einem Abl. abs. erscheint:

Hannibale vīvō	als Hannibal (noch) lebte . . . zu Lebzeiten Hannibals . . . zur Zeit Hannibals . . .

Das Problem, die ‚passende' Bedeutung zu finden, ist nicht nur vom Verständnis der Textstelle abhängig, sondern auch von der Fähigkeit, über die muttersprachlichen Ausdrucksmöglichkeiten frei zu verfügen und mehrere Varianten zu erproben, bis man die ‚passende' entdeckt hat.

Übung 16:

In den folgenden drei Sätzen kommt es auf die Wiedergabe dieser Vokabeln an:

cōnsilium, iī n	1. Rat, Plan; 2. Beratung; 3. Beschluß
mittere, mīsī, missum	schicken, gehen lassen
pars, partis f	Teil, Seite

Prüfe am Kontext, ob Du mit der Lexikonbedeutung auskommst oder ob eine besondere Wortverwendung vorliegt!

1. Das Handeln eines Politikers in einer Krisensituation beurteilt Cicero (ad Att. XIV 21, 3) mit dem Satz:

   Ācta illa rēs est animō virīlī, cōnsiliō puerīlī.

2. Bei der Darlegung eines Straftatbestandes macht der Anwalt Cicero folgende Bemerkung (Verr. V 38):

   Mittō et praetereō, quid tum sit āctum.

3. Der Philosoph Seneca läßt sich über das menschliche Leben folgendermaßen aus (Epist. 80, 7):

   Hūmāna vīta est mīmus, quī nōbis partēs assīgnat.

Erläuterungen:

assīgnāre, vī, tum	zuweisen, zuteilen
hūmānus (a, um)	menschlich, gebildet
mīmus, ī m	Bühnenstück
praeterīre, eō, iī, itum	vorübergehen, übergehen
puerīlis (e), is	kindlich, kindisch
virīlis (e), is	männlich, mannhaft

Die größte Schwierigkeit ist beim Übersetzen dadurch gegeben, daß die lateinischen Texte aus kunstvoll geformten, längeren Satzgefügen, sogenannten Perioden, bestehen. Ihre Form übersteigt meist die eigenen Ausdrucksmöglichkeiten in der Muttersprache. Deshalb sollte man die einzelnen, grammatisch zusammengehörenden Wortgruppen zunächst für sich verdeutschen und sich dann erst überlegen, wie man mehrere davon in einen zusammenhängenden deutschen Satz bringen kann. Das Problem besteht dabei in der Frage, wie man solche Wortgruppen richtig abteilen kann. Wir wollen diese Frage anhand eines Beispiels zu beantworten versuchen:

Es ist eine Anekdote über Quintus Fabius Maximus, einen Vorfahren des berühmten Q. F. Maximus Cunctator aus dem 2. Punischen Krieg. Er lebte im 4. Jahrhundert vor Chr. und war dadurch bekannt, daß er strengstens auf Einhaltung der Standesvorschriften des Amtsadels achtete. Hier geht es z. B. um die Regel, daß niemand zwischen dem Konsul und den vor ihm marschierenden Liktoren gehen durfte. Liktoren waren die Amtsdiener der führenden römischen Beamten. Sie trugen als Abzeichen das Rutenbündel mit dem Beil (fascēs), das die Amtsgewalt (potestās) des Beamten symbolisierte.

> Quintus Fabius Maximus ā senātū ad fīlium cōnsulem lēgātus missus in castra indīgnātus est, quod nēmō ē lictōribus sē equō dēscendere iussisset. Quod cum fīlius sēnsisset, proximō lictōrī, ut sibi apparēret, imperāvit. Cuius vōcī statim Fabius cōnsecūtus „Nōn egō“, inquit, „fīlī, summum imperium tuum contempsī, sed experīrī voluī, an scīrēs cōnsulem agere.“ (Valerius Maximus II 2, 4 in der Kurzfassung)

Als zusammengehörige Wortgruppen lassen sich leicht erkennen und ableiten:

- Aufeinanderfolgende Wörter im gleichen Kasus (z. B. Quintus Fabius Maximus ... lēgātus missus ... indīgnātus; proximō lictōrī)
- Präpositionale Ausdrücke (ā senātū, ad fīlium cōnsulem, in castra)
- Kurze, überschaubare Gliedsätze (quod cum fīlius sēnsisset, ut sibi apparēret, an scīrēs cōnsulem agere)
- AcI-Konstruktionen (sē equō dēscendere)
- Partizip-Konstruktionen (lēgātus missus, Fabius cōnsecūtus).

Die sich nach diesen Merkmalen ergebenden Wortgruppen kann man untereinander notieren und jede für sich vorläufig ins Deutsche bringen:

1 Quintus Fabius Maximus	Quintus Fabius Maximus
2 ā senātū	vom Senat
3 ad fīlium cōnsulem	zu seinem Sohn, dem Konsul
4 lēgātus missus	als Unterfeldherr geschickt
5 in castra	ins Feldlager
6 indīgnātus est,	regte sich darüber auf
7 quod nēmō ē lictōribus	daß keiner von den Liktoren

8 sē equō dēscendere	er solle vom Pferd steigen
9 iussisset.	aufgefordert hatte.
10 Quod cum fīlius sēnsisset,	Als der Sohn das bemerkt hatte,
11 proximō lictōrī,	dem zunächst stehenden Liktor
12 ut sibi apparēret,	er solle ihm zu Diensten sein
13 imperāvit.	gab er den Befehl.
14 Cuius vōcī	Dessen Stimme
15 statim	sofort
16 Fabius cōnsecūtus	Fabius leistete Folge
17 „Nōn egō“, inquit, „fīlī,	„Ich nicht“, sagte er, „mein Sohn,
18 summum imperium tuum contempsī,	habe deine höchste Befehlsstellung mißachtet,
19 sed experīrī voluī,	sondern wollte ausprobieren,
20 an scīrēs cōnsulem agere.“	ob du verstehst, den Konsul zu spielen.“

Die Rohübersetzung, die auf diese Weise zustande kommt, ist durchaus verständlich. Sie kann jetzt durch die nötigen Umstellungen lesbar gemacht werden. So wird man die Umstandsbestimmung „ins Feldlager“ (5) vor die zugehörige Verbform („geschickt“ 4) stellen, den Inhalt des Befehls „er solle vom Pferd steigen“ (8) jedoch hinter das regierende Verb (9). Die Partizip-Konstruktion (cōnsecūtus 16) wird entweder in einen Hauptsatz aufgelöst. Dann muß das Verb an die Zweitstelle („Dessen Stimme leistete Fabius . . .“). Wenn jedoch ein Gliedsatz gewählt wird, lautet die Übersetzung: „Nachdem Fabius seinem Ruf sofort Folge geleistet hatte, sagte er . . .“ Innerhalb der direkten Rede ist dann ebenfalls noch die Positionsregel für die finite Verbform zu beachten („Ich habe deine Befehlsstellung nicht mißachtet . . .“). Dann kann sogar eine Endübersetzung formuliert werden, die – wie das Original – nur drei Sätze benötigt:

„Quintus Fabius Maximus, vom Senat als Unterfeldherr zu seinem Sohn, der als Konsul amtierte, ins Feldlager geschickt, regte sich darüber auf, daß keiner von den Liktoren ihn aufgefordert hatte, vom Pferd zu steigen. Als der Sohn das gemerkt hatte, befahl er dem zunächst stehenden Liktor, ihm zu Diensten zu sein. Dessen Aufforderung kam Fabius sogleich nach, indem er bemerkte: „Ich habe nicht deine höchste Befehlsstellung mißachtet, mein Sohn, sondern wollte nur ausprobieren, ob du verstehst, den Konsul zu spielen.“

Übung 17:

Übersetze den folgenden Text, indem Du zuerst Wortgruppen abteilst und diese gesondert übersetzt.

Hannibal, Hamilcaris fīlius, novem annōs nātus, ā patre ārīs admōtus odium in Rōmānōs aeternum iūrāvit. Deinde patrī socius et mīles in castrīs fuit. Hamilcare mortuō causam bellī quaerēns Saguntum oppidum Rōmānīs foederātum intrā sex mēnsēs ēvertit. Tum Alpibus patefactīs in Ītaliam traiēcit. (Nach Aurelius Victor, De viris ill. 42, 1/2)

Erläuterung:

Die Stadt Sagunt (heute Provinz Valencia) war Roms Vorposten an der Grenze zum Süden Spaniens, den die Karthager besetzt hielten.

Vokabeln:

admovēre, mōvī, mōtum	heranbringen, hinzuziehen
aeternus (a, um)	ewig
āra, ae f	Altar (meist im Plur. gebraucht)
ēvertere, vertī, versum	umstürzen, zerstören
fīlius, iī m	Sohn
foedus, deris n	Vertrag, Bündnis
foederātus (a, um)	verbündet
intrā b. Akk.	innerhalb von
iūrāre, vī, tum	schwören
mēnsis, is m	Monat
morī, ior, mortuus sum	sterben (Part. Fut. Akt. moritūrus)
⟷ nāscī, nātus sum	geboren werden, entstehen
novem	neun
odium, iī n	Haß
quaerere, quaesīvī, quaesītum	suchen, fragen
trāicere, iō, iēcī, iectum	hinüberbringen; durchstoßen

Formenlehre und Syntax des Verbums

Das Verb und die übrigen Wortarten

Die deklinierten Wortarten können im Satz verschiedene Funktionen übernehmen. Sie können die Stelle einer Ergänzung ausfüllen, das Subjekt des Satzes bilden, einem anderen Satzglied als Attribut beigegeben sein, der Eingliederung einer adverbialen Bestimmung dienen usw. Eine konjugierte, d. h. nach Person, Numerus, Tempus, Modus und Aktiv-Passiv-Schema bestimmte Verbform hat immer die Funktion eines Prädikats, sei es im Hauptsatz oder Gliedsatz. Deshalb gibt es im Satz auch in der Regel mehr kasusbestimmte als personbestimmte Wörter, wie dieses Beispiel zeigen soll:

Cicerō, cum Lentulum, generum suum, exiguae statūrae hominem, vīdisset longō gladiō accīnctum: „Quis“, inquit, „generum meum ad gladium alligāvit?“

(Macrobius II 3, 3)

Als Cicero den Lentulus, seinen Schwiegersohn, einen Mann von schmächtiger Gestalt, mit einem langen Schwert gegürtet sah, bemerkte er: „Wer hat denn meinen Schwiegersohn an das Schwert angebunden?“

Von den 19 Wörtern des Textes sind 14 deklinierte Formen, nur 3 Formen sind konjugiert. Dazu kommen zwei unflektierbare Wörter, die Konjunktion ‚cum‘ (1) und die Präposition ‚ad‘ (4). (Die Zahlenangaben in den Klammern verweisen auf die entsprechende Zeile im lateinischen Text.)

Die Kasusformen sind auf folgende Funktionen als Satzglied verteilt:

Nominativ	Subjekt	Cicerō (1), quis (3)
Genitiv	Attribut	exiguae statūrae (2)
Dativ	Ergänzung	—
Akkusativ	Ergänzung	Lentulum (1), generum suum (1), hominem (2), accīnctum (3), generum meum (4)
	Adv. Best.	ad gladium (4)
Ablativ	Adv. Best.	longō gladiō (3)

Gegenüber dieser Vielfalt ist die weitgehende Übereinstimmung der drei Verbformen auffällig. Alle drei stehen in der <u>3. Person Sing.</u> und zeigen Formen aus der Gruppe der Vergangenheitstempora:

vīdisset (2)	3. Pers. Sg. Konjunktiv Plusquamperf. Aktiv
inquit (3)	3. Pers. Sg. Indikativ Perfekt Aktiv
alligāvit (4)	3. Pers. Sg. Indikativ Perfekt Aktiv

Die konjugierten Formen haben offenbar nicht nur mit dem Aufbau des einzelnen <u>Satzes</u>, sondern mit der Struktur des ganzen <u>Textes</u> zu tun. Da redet einer nicht von sich selbst (1. Person), spricht auch nicht unmittelbar einen Adressaten an (2. Person), sondern berichtet oder erzählt von anderen Leuten (3. Person). Das berichtete oder erzählte Geschehen aber kennzeichnet der Sprecher mit Hilfe der Tempusformen als etwas Vergangenes, das ihn selbst oder seinen Hörer bzw. Leser nicht mehr unmittelbar betrifft.

Im Aufbau des jeweiligen Satzes nimmt die konjugierte Verbform als <u>Prädikat</u> die zentrale Stelle ein, von der alle übrigen Satzglieder <u>abhängig</u> sind. Alles ‚dreht sich' sozusagen um das Prädikat. Dieser Sachverhalt läßt sich graphisch so darstellen:

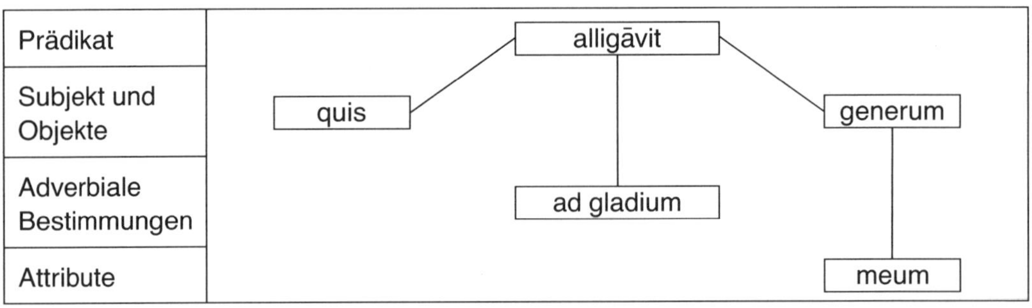

Doch zerreißt man mit diesem abstrakten Schema, was inhaltlich zusammengehört. Um den ersten Satz unserer Anekdote zu verstehen, muß man z. B. das Attribut (exiguae statūrae hominem) und die adverbiale Bestimmung (longō gladiō) hinzunehmen. Denn beide gehören zu dem Bild, das sich Cicero bot, grammatisch gesprochen: zur Ergänzung des Prädikats von ‚vīdisset' (2):

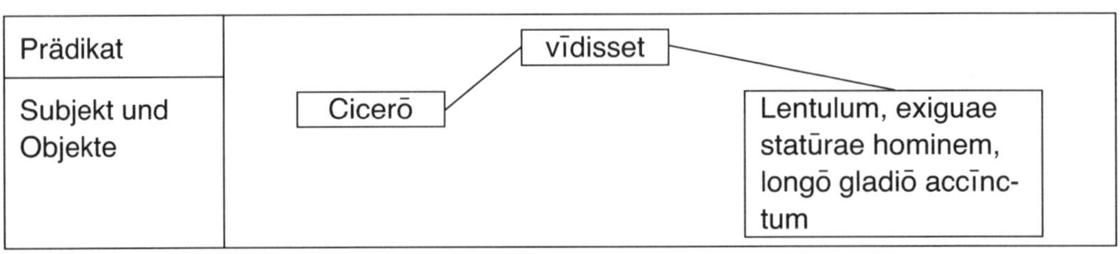

Manchmal aber muß man den Umweg über eine Analyse des Satzaufbaus gehen, wenn sich der inhaltliche Zusammenhang nicht von vornherein erschließt. Dabei geht man von der konjugierten Verbform, dem Prädikat, aus und bestimmt die Funktion der übrigen Satzglieder.

Übung 18:

In dem folgenden Text beschreibt Caesar die Lage der Stadt Besançon (BG I 38, 4). Bestimme die Satzglieder und ordne sie den jeweiligen Prädikaten zu, indem Du Dich nach diesem graphischen Schema richtest:

Prädikat	
Subjekte und Objekte	
Adverbiale Bestimmungen	
Attribute	

Id oppidum nātūrā locī sīc mūniēbātur, ut māgnam ad dēfendendum daret facultātem, proptereā quod flūmen Dūbis paene tōtum oppidum cingit.

Erläuterung:

Dūbis, is m	Nebenfluß der Saône, heute Doubs

Vokabeln:

cingere, cinxī, cinctum	umgürten, umgeben
dēfendere, fendī, fēnsum	abwehren, verteidigen
facultās, tātis f	Möglichkeit, Fähigkeit
flūmen, minis n	Fluß, Strom
paene	Adv. beinahe, fast
proptereā	Adv. deswegen

Das Dreieck der grammatischen Personen

In der Cicero-Anekdote, die im vorigen Abschnitt als Beispiel diente, stehen alle Prädikate in der 3. Pers. Sing. In dem folgenden Text werden die Personformen gewechselt:

Scīpiō Nāsīca, cum ad poētam Ennium vēnisset eīque ab ōstiō quaerentī Ennium ancilla dīxisset domī nōn esse, sēnsit illam dominī iussū dīxisse et illum intus esse. Paucīs post diēbus cum ad Nāsīcam vēnisset Ennius et eum ad iānuam quaereret, exclāmat Nāsīca, domī nōn esse, tum Ennius: „Quid? Egō nōn cōgnōscō vōcem“, inquit, „tuam?“ Hīc Nāsīca: „Homō es impudēns: Egō, cum tē quaererem, ancillae tuae crēdidī tē domī nōn esse, tū mihi nōn crēdis ipsī?“

(Cicero, De orat. II 276)

Als Scipio Nasica zu dem Dichter Ennius kam und an der Tür nach ihm fragte, worauf die Magd erwiderte, er sei nicht zu Hause, merkte er, daß sie das auf Befehl ihres Herrn sagte und dieser wohl zu Hause sei.
Wenige Tage später kam Ennius zu Nasica und fragte an der Tür nach ihm. Da ruft Nasica laut, er sei nicht zu Hause. Darauf erwidert Ennius: „Was? Erkenne ich nicht Deine Stimme?“ Nasica entgegnete hierauf: „Du bist ein unverschämter Mensch! Als ich nach Dir fragte, habe ich Deiner Magd geglaubt, daß Du nicht zu Hause seist, und Du glaubst mir nicht einmal selbst?“

Bis zum Beginn der direkten Rede (Zeile 11) gibt es nur Formen der 3. Person Singular:

vēnisse -t (2, 8)
dīxisse -t (3/4)
sēnsi -t (4)
quaerere -t (9)
exclāma -t (9)
inqui -t (12)

Die Personen, von denen die Rede ist, werden durch Pronomina der 3. Person (Demonstrative) vertreten:

Scipio ei (2), eum (8)
Magd illam (5)
Ennius illum (6)

Das Wort hat der Erzähler, der etwas <u>über</u> diese Personen berichtet. In Zeile 11 ändert sich die Sprachform plötzlich, weil der Erzähler nun seine Figuren selbst sprechen, einen <u>Dialog</u> führen läßt. Daher herrschen nun Formen der 1. und 2. Person vor. Wenn eine Figur sich selber meint, gebraucht sie die 1. Person und die entsprechenden Pronomina, wenn sie den Partner anspricht, die 2. Person.

Sprecher (1. Person)	cōgnōsc-ō (11/12), quaerere-m (14), credid-ī (15), egō (11, 13), mihi (16)
Angesprochener (2. Person)	e-s (13), crēdi-s (16), tuam (12), tē (14) u. (15), tuae (14), tū (15)

Das Orientierungssystem, auf das die Personformen des Verbs und die entsprechenden Pronomina verweisen, ist also das Dreieck der Gesprächsrollen:

1. Person:
Sprecher
(egō, nōs; meus, a, um; noster, tra, trum)

2. Person:
Angesprochener
(tū, vōs; tuus, a, um; vester, tra, trum)

3. Person:
Besprochener
(is, ea, id; ille, a, ud)

Wenn die Positionen in diesem System, d. h. die Gesprächsrollen, getauscht werden, so wird das durch den Wechsel der Personformen und der zugehörigen Pronomina angezeigt. Die Anekdote spielt ein wenig mit diesem System. Der Leser wird im ungewissen darüber gelassen, ob Scipio Nasica nun „Domī nōn est" oder „Domī nōn sum" gesagt hat (10). Die Regel wäre in jedem Fall verletzt. Der Sprecher hat von sich in der 1. Person zu sprechen („Ich bin nicht zu Hause"). Mit dieser Formulierung streitet er aber ab, dort zu sein, wo er spricht.

Die Personformen gibt es sowohl im Singular wie im Plural. Wenn von mehreren Personen erzählt wird, wenn ein Sprecher für viele reden will, wenn eine Gruppe angesprochen wird, tritt der Plural ein.

Übung 19:

Cicero gibt in dem folgenden Text einen Abschnitt aus dem Dialog ‚Gorgias' des griechischen Philosophen Platon (427–347 vor Chr.) wieder. Platons Lehrer Sokrates diskutiert hier mit der Titelfigur Gorgias über ein ethisches Thema.

Stelle fest, worauf sich die Personalformen der 1., 2. und 3. Person jeweils beziehen, und übersetze den Text!

Socratēs, cum ex eō quaesītum esset, nōnne Archelāum, quī tum fortūnātissimus haberētur, beātum putāret: „Nesciō, inquit, „numquam enim cum eō collocūtus sum“.
„An aliter id scīre nōn potes?“
„Nūllō modō!“
„Tū igitur nē dē Persārum quidem rēge māgnō potes dīcere, beātusne sit?“
„An egō possim, cum ignōrem, quam ille sit vir doctus, quam bonus?“
„Quid? Tū in eā rē sitam vītam beātam putās?“
„Ita exīstimō bonōs beātōs, improbōs miserōs.“
„Miser ergō Archelāus?“
„Certē, sī iniūstus.“
(Tusc. disp. V 34/35)

Erläuterungen:

Archelāus, König von Mazedonien 413–399 v. Chr.
Persārum rēx māgnus, der persische Großkönig, galt als mächtigster Mann der Welt und Herr über unvorstellbare Schätze.

fortūnātus (a, um)	reich, gesegnet

Vokabeln:

aliter Adv.	anders, sonst
an	oder (etwa), ob (nicht); in abh. Frage im D nicht wiederzugeben
beātus (a, um)	glücklich, reich
certē	Adv. gewiß, sicherlich
colloquī, locūtus sum	miteinander reden
cum b. Konj.	als; da, weil; obwohl
enim	nämlich
ergō	also, deshalb
igitur	also, folglich
ignōrāre, vī, tum	nicht wissen, nicht kennen
improbus (a, um)	unredlich, schlecht
inquit	sagt(e) er (sie)
ita	auf diese Weise, so
iūstus (a, um)	gerecht
iniūstus (a, um)	ungerecht
miser (era, erum)	elend, unglücklich
modus, ī m	Maß, Weise, Art
-ne	(im Gliedsatz: ob)
nē . . . quidem	nicht einmal . . .

nescīre, vī, tum	nicht wissen
nōnne	doch wohl (Antwort ‚ja' erwartet)
nūllus (a, um); Gen. nūllīus; Dat. nūllī	kein(er)
quam	wie sehr
sī	wenn, falls

Das System der Tempora

Im Formensystem des lateinischen Verbs werden sechs verschiedene Tempora aufgeführt. Drei davon kommen in dem folgenden Beispiel vor:

Caesar lēgātōs Germānōrum, quod in Itāliam properābat, initiō proximae aestātis ad sē revertī iussit. Legiōnēs in eās cīvitātēs, quae propinquae hīs locīs erant, ubī bellum gesserat, in hiberna dēdūxit et ipse in Itāliam profectus est.

(Nach Caesar BG II 35, 2/3)

Weil er schnell nach Italien aufbrechen wollte, befahl Caesar den Unterhändlern der Germanen, sich zu Beginn des nächsten Sommers wieder bei ihm zu melden. Er führte die Legionen in das Gebiet derjenigen Stämme, die in der Nähe der Gegend zu Hause waren, wo er Krieg geführt hatte, ins Winterlager und brach selber zur Reise nach Italien auf.

Was bedeutet hier der Wechsel zwischen Perfekt [iussit (3), dēdūxit (6), profectus est (7)], Imperfekt [properābat (2), erant (5)] und Plusquamperfekt [gesserat (5)]? Man sieht, daß die drei Perfektformen das Gerippe der Erzählung darstellen: Es sind die Maßnahmen Caesars, Vertagung der Verhandlungen, Beziehen der Winterquartiere, Aufbruch nach Rom. Die Imperfektformen verweisen auf Zuständliches, das den Hintergrund der Maßnahmen bildet: Der Wunsch, möglichst schnell abzureisen, war Caesars Handlungsmotiv. Die Nähe zum Kriegsschauplatz (4/5) war der Grund für die Wahl des Winterquartiers. Mit der Plusquamperfektform greift der Berichterstatter zeitlich zurück: Jetzt ist Spätherbst; im Sommer hatte er in dieser Gegend Krieg geführt.

Doch sind die Tempora nicht nur dazu da, dem dargestellten Geschehen ein Zeitprofil zu geben, in dem sich unterscheiden läßt, was passierte (Perfekt), was währenddessen der Fall war (Imperfekt) und was sich vordem ereignet hat (Plusquamperfekt). Sie dienen dem Sprecher auch dazu, den Redeinhalt zu dem Zeitpunkt in Beziehung zu setzen, in dem er spricht bzw. schreibt. Daß in dem Caesarbeispiel nur Vergangenheitstempora verwendet werden, weist darauf hin, daß der Verfasser über Dinge berichtet, die längst geschehen sind.

Mit dem Präsens kann der Sprecher auf aktuell Gegenwärtiges weisen wie Cicero auf den im Senat vor ihm sitzenden Hochverräter Catilina:

Ō tempora, ō mōrēs! Senātus haec intellegit, cōnsul videt: hic tamen vīvit. Vīvit? Immo vērō etiam in senātum venit, fit pūblicī cōnsiliī particeps . . . (Cicero, In L. Cat. I 2)	Was für Zeiten, was für Sitten! Der Senat bemerkt es, der Konsul sieht es: Doch dieser Mann lebt immer noch. Was heißt ‚lebt'? Er kommt sogar noch in den Senat, nimmt an der öffentlichen Beratung teil . . .

Doch wird das Präsens auch in anderem Zeitbezug gebraucht, etwa bei lebhafter Erzählung von vergangenem Geschehen oder bei der Formulierung allgemeingültiger Feststellungen:

Etiam capillus ūnus habet umbram suam.	Auch ein einziges Haar hat seinen besonderen Schatten.

Im Futur macht sich der Sprecher über die Zukunft Gedanken wie Cicero am Beginn der ersten Catilina-Rede:

Quō ūsque tandem abūtēre, Catilīna, patientiā nostrā?	Wie lange noch, Catilina, wirst du unsere Geduld mißbrauchen?

Ein Zeitprofil gibt es auch bei Präsens und Futur. Was einer anderen Handlung vorhergeht, wird nach bestimmten Regeln in ein anderes Tempus gesetzt, z. B.einem Präsens gegenüber ins Perfekt:

Quī restitērunt, discēdunt saepissimē superiōrēs.	Die im Widerstand waren, gehen sehr oft als Sieger davon.

Wenn es sich um eine Aussage über die Zukunft handelt, wird dazu ein eigenes Tempus, das vom Perfekt-Aktiv-Stamm gebildete Futur II, gebraucht:

Simulatque cōgnōverō, quid senātus hāc in rē dēcrēverit, dīligenter tibi scrībam.	Sowie ich wissen werde, was der Senat in dieser Sache für eine Entscheidung getroffen hat, werde ich es dir ganz genau schreiben.

Im Überblick ergibt sich das folgende System:

Handlung	**Vergangenheit** (praeteritum)	**Gegenwart** (praesens)	**Zukunft** (futurum)
eintretend	Erzählendes Perfekt	Präsens	Futur I
dauernd	Imperfekt	Präsens	Futur I
vollendet	Plusquamperfekt	Perfectum praesens (vīxērunt: „sie sind tot“)	Futur II

Übung 20:

Beschreibe, wie in den folgenden Textbeispielen durch die verschiedenen Tempora die Handlungsart (eintretend, dauernd oder vollendet) charakterisiert und das Zeitprofil bestimmt wird!

Übersetze die Beispiele!

1. Caesar postrīdiē, quam equitātum praemīsit, omnibus cum cōpīis profectus est. Sed ratiō ōrdōque agminis aliter sē habēbat, ac Belgae ad Nerviōs dētulerant.
2. Omne animal appetit quaedam et fugit ā quibusdam.
3. Dē Carthāgine loquī nōn ante dēsinam, quam illam dēlētam esse cōgnōverō.
4. Cicero bemerkt über den Aufenthalt auf dem Lande: Mē, cum hūc vēnī, hoc ipsum nihil agere dēlectat.
5. Rem breviter nārrāre poterimus, sī inde incipiēmus nārrāre, unde necesse erit.

Erläuterungen:

postrīdiē	am folgenden Tag
postrīdiē, quam . . .	am Tag, nachdem . . .
sē habet	es verhält sich

Vokabeln:

agmen, minis n	Heereszug
aliter . . . ac	anders . . . als
animal, ālis n	Lebewesen
ante . . . quam	ehe, bevor
appetere, tīvī, tītum	begehren, angreifen
brevis (e), is	kurz Adv. breviter
dēlectāre, vī, tum	erfreuen, unterhalten
dēlēre, vī, tum	zerstören, vernichten
equitātus, ūs m	Reiterei
fugere, iō, fūgī, Part. Fut. Akt. fugitūrus	fliehen, meiden
hūc	Adv. hierher
incipere, iō, coepī, coeptum	anfangen
inde	Adv. von dort

loquī, locūtus sum (colloquī 52)	sprechen, reden
nārrāre, vī, tum	erzählen, erwähnen
necesse est	es ist notwendig, es ist unausweichlich
nihil (auch nīl)	nichts
praemittere, mīsī, missum	vorausschicken
quam	beim Vergleich: als
unde Adv. (inde)	woher (von dort)

Die Aussageweise (Modus)

Es gibt im Lateinischen drei Modi, den Indikativ, den Konjunktiv und den Imperativ. Mit den Modusformen kennzeichnet der Sprecher die Haltung, die er selber dem Inhalt seiner Äußerung gegenüber einnimmt. Wenn er z. B. statt des Indikativs den Konjunktiv wählt, kann er zum Ausdruck bringen, daß eine Überlegung eher theoretischen Charakter hat, daß eine Möglichkeit erwogen wird:

Rīserit aliquis fortāsse hoc praeceptum, est autem necessārium.	Vielleicht mag jemand über diese Vorschrift spotten, sie ist aber notwendig.

Während dieser Konjunktiv der Möglichkeit (Potentialis) in einem Aussagesatz steht, kann die Überlegung auch die Form einer Frage annehmen:

Quid nunc faciam? Hīc maneam an Rōmam petam?	Was soll ich nun tun? Soll ich hier bleiben oder soll ich nach Rom gehen?

In dieser Verwendung spricht man vom ‚Deliberativus'. Endlich kann die Überlegung in eine Willensäußerung übergehen:

Hoc deī bene vertant!	Die Götter mögen es zum Guten wenden!

Dieser Konjunktiv im Wunschsatz wird ‚Optativus' genannt. Eine Übersicht über den Gebrauch des Konjunktivs im Hauptsatz zeigt der Kasten auf der folgenden Seite.

Im Unterschied zum Deutschen ist der Gebrauch des Konjunktivs im Nebensatz im Lateinischen sehr häufig und vielfältig. Man kann sich diesen Gebrauch durch den Begriff der ‚innerlichen Abhängigkeit' erklären. In dem Satz:

Cum Caesar in Galliam vēnit, duae ibī factiōnes erant.	Als Caesar nach Gallien kam, gab es dort zwei Parteien.

handelt es sich um ein rein zeitliches Verhältnis zwischen dem Geschehen des Gliedsatzes und des übergeordneten Satzes. Der temporale cum-Satz hat daher den Indikativ Perfekt. Beim ‚cum historicum' aber gibt es einen inneren Zusammenhang:

(1) Optativus	Äußerung eines Wunsches	velim scrībās! Irreal: vellem manērēs! utinam nē id dīxissēs!	Schreib doch bitte! Könntest du doch bleiben! Hättest du das doch nicht gesagt!
(2) Prohibitivus	Ausdruck eines Verbots	nē sīs commōtus! nihil scrīpseris!	Rege dich nicht auf! Schreib gar nichts!
(3) Adhortativus	Aufforderung unter Einschluß der eigenen Person	eāmus! nē inhonesta faciāmus!	Gehen wir! Wir wollen nichts Ungehöriges tun!
(4) Deliberativus	Zweifelnde Frage	Quid faciam? Quid facerem? An egō nōn venīrem?	Was soll ich tun? Was hätte ich tun sollen? Hätte ich etwa nicht kommen sollen?
(5) Potentialis	Ausdruck einer Annahme	Quis hoc crēdat? dīxerit quispiam Quis tum audēret dīcere reum iūre condemnātum esse? Quis nunc audet negāre?	Wer möchte das glauben? Es könnte jemand sagen . . . Wer hätte damals zu sagen gewagt, der Angeklagte sei zu Recht verurteilt? Wer wagt es heute zu bestreiten?
(6) Irrealis	Ausdruck einer Annahme, die sich nicht (mehr) erfüllen kann	sī diūtius hic manēre vellem, in hāc quidem domō nōn manērem. sī tacuissēs, philosophus mānsissēs.	Wenn ich länger hier bleiben wollte, in diesem Hause würde ich gewiß nicht bleiben. Wenn du geschwiegen hättest, wärest du ein weiser Mann geblieben.

Caesarī cum id nūntiātum esset, mātūrat ab urbe proficīscī. — Als Caesar dies gemeldet wurde, brach er schleunigst aus Rom auf.

Der Aufbruch aus Rom hängt aufs engste mit der Meldung zusammen, die Caesar erhalten hatte. Der Gliedsatz steht im Konjunktiv. Im Deutschen steht in beiden Fällen der

Indikativ. Der Konjunktiv ist im Deutschen nur dann am Platz, wenn der Inhalt des Gliedsatzes den Charakter der Redewiedergabe hat. Denn in der indirekten Rede stehen die Gliedsätze in beiden Sprachen im Konjunktiv:

Ab explōrātōribus certior factus hostēs sub monte cōnsēdisse, quālis esset nātūra montis et quālis in circuitū ascēnsus, quī cōgnōscerent, mīsit.

(Caesar BG I 21, 1)

Als er von Kundschaftern die Nachricht erhielt, daß die Feinde am Fuß eines Berges haltgemacht hätten, schickte er Leute los, die erkunden sollten, wie der Berg beschaffen sei und welche Aufstiegsmöglichkeiten ringsum bestünden.

Der indirekte Fragesatz (quālis esset . . .) entspricht dem Auftrag, den Caesar seinen Leuten erteilt hatte, und kann deshalb im Deutschen im Konjunktiv wiedergegeben werden. Der Konjunktiv des finalen Relativsatzes (quī cōgnōscerent) wird mit Hilfe eines Modalverbs (sollten) übersetzt. Meist aber entspricht dem lateinischen Gliedsatz-Konjunktiv im Deutschen der Indikativ:

Ut dēsint vīrēs, tamen est laudanda voluntās.

Fehlen auch die Kräfte, so ist doch der gute Wille zu loben.

Quae cum ita essent, itinere dēstitit.

Weil die Dinge so lagen, sah er von der Reise ab.

Übung 21:

Welche Verwendung des Konjunktivs im Hauptsatz liegt in den folgenden Beispielen vor? Übersetze die Beispiele!

1. Sine tē dēspērārem.
2. Spērēmus, quae volumus, sed, quod acciderit, ferāmus.
3. Velim mihi crēdās mē id nōn fēcisse.
4. Quis dubitet, quīn hoc vērum sit?
5. Quid agam, iūdicēs? Quō mē vertam?
6. Nē mortem timueritis.

Vokabeln:

dubitāre, vī, tum	zweifeln; zögern
quīn	nach negativen Ausdrücken: daß
quō	wohin
spērāre, vī, tum	hoffen, erwarten
⟷ dēspērāre, vī, tum	die Hoffnung aufgeben, verzweifeln
vertere, vertī, versum	wenden, drehen
vērus (a, um)	wahr, echt

Übung 22:

Es gibt im Deutschen mehrere Möglichkeiten, den lateinischen Konjunktiv im Nebensatz wiederzugeben. Sie sind in dem folgenden Beispiel verwendet, in dem Cicero von seiner Tätigkeit als Rechtsanwalt spricht. Stelle eine Liste der deutschen Ausdrücke auf, die der Übersetzer für die lateinischen Konjunktive gewählt hat!

Equidem soleō dare operam, ut dē suā quisque rē mē ipse doceat et ut nē quis alius adsit, quō līberius loquātur, et agere adversāriī causam, ut ille agat suam et, quicquid dē suā rē cōgitāverit, in medium prōferat.

(De oratore II 102)

Ich selber bemühe mich immer, mich durch jeden Klienten selbst von seiner Angelegenheit in Kenntnis setzen zu lassen, ohne Beisein eines Dritten, damit er sich völlig ungezwungen ausspricht. Dabei spiele ich dann die Rolle des Prozeßgegners, damit jener seine eigene Sache vertrete und alles, was er über seinen Fall denkt, zur Sprache bringen kann.

Erläuterungen:

operam dare	sich Mühe geben
causam agere	einen Prozeß führen, eine Sache vertreten
in medium prōferre	offen vorbringen, veröffentlichen

Vokabeln:

adesse, sum, fuī	anwesend sein, teilnehmen, helfen
adversārius, ī m	Gegner
docēre, uī, doctum	lehren, unterrichten
equidem	ich (für meine Person)
līber (era, erum)	frei
quisque (quaeque, quidque oder quodque)	jeder
quisquis (quidquid oder quicquid)	wer (was) auch immer; jeder, der (alles, was)
quō b. Kompar. (= ut eō)	damit um so (mehr)

Übung 23:

Übersetze den folgenden Satz und prüfe die verschiedenen Wiedergabemöglichkeiten für die lateinischen Konjunktive (vgl. Übung 22)!

Germānī mercātōrēs adīre permittunt magis eō, ut, quae bellō cēperint, quibus vēndant, habeant, quam quod ūllam rem ad sē importārī dēsīderent. (Nach Caesar BG IV 2, 1)

Vokabeln:

adīre, eō, iī, itum	herangehen
dēsīderāre, vī, tum	ersehnen, vermissen
eō . . . ut	dazu . . . daß
importāre, vī, tum	einführen
magis	Adv. mehr, eher, lieber
mercātor, ōris m	Kaufmann, Händler
vēndere, didī, ditum	verkaufen

Die Genera verbi Aktiv und Passiv

Ein letztes Orientierungssystem, in dem jede finite Verbform eine Bestimmung erfährt, betrifft die Perspektive, unter der eine Handlung, ein Vorgang oder ein Zustand erscheint. So kann man fragen, warum es in der Beschreibung von Syrakus bei einem Stadtteil heißt:

Colitur ea pars et habitātur frequentissimē . . . (Cicero, In C. Verr. act. II 1. 4, 119)	Dieser Stadtteil ist dicht bevölkert, und man wohnt dort sehr eng.

In aktivischer Form würde der Satz etwa lauten:

Multī hominēs eam partem colunt et habitant frequentissimē.

Man sieht, wie hier die Perspektive von dem Stadtteil und dem Eindruck, den er macht, auf die Leute verschoben wird, die dort wohnen. Auf sie kommt es aber dem Verfasser zunächst nicht an, weil er an dem Gesamtbild der Stadt interessiert ist.

Bei der Umformung aus dem Aktiv ins Passiv rückt also die Akkusativ-Ergänzung, das Objekt, an die Stelle des Subjekts. Das Subjekt des aktivischen Satzes wird, wenn überhaupt, in der Form einer adverbialen Bestimmung beibehalten:

Iūdicēs reum damnāvērunt.	Die Richter haben den Angeklagten verurteilt.
Reus (ā iūdicibus) damnātus est.	Der Angeklagte wurde (von den Richtern) verurteilt.

Die Unterscheidung, welche durch die aktivischen und passivischen Personalendungen angezeigt wird, trennt jedoch nicht zwei deutlich abzugrenzende Sachverhalte, wie das Beispiel nahelegt. Vielmehr gibt es Überschneidungen, die in der folgenden Übersicht zusammengestellt sind:

Aktivisches Endungssystem	Transitiv: Verben mit Akkusativobjekt	Hieme militēs nāvēs reficiēbant	Im Winter reparierten die Soldaten die Schiffe
	Intransitiv: Verben ohne Akkusativobjekt	servī vēneunt hiems praecipitāverat	Sklaven werden verkauft Der Winter war hereingebrochen
	Reflexiv: Subjekt und Objekt sind identisch	mīlitēs ex labōre sē reficiunt	Die Soldaten erholen sich von den Anstrengungen
Passivisches Endungssystem	Passiv als Umformung aus dem Aktiv	Mater puerum lavat. Puer ā matre lavātur.	Die Mutter wäscht den Jungen
	Passiv ohne Täterangabe	Conclūsa aqua facile corrumpitur.	Abgeschlossenes Wasser verdirbt leicht
	Reflexives Passiv	Puer lavātur	Der Junge wäscht sich, er badet
	Deponens: Verb mit Passivendungen, das nicht ins Aktiv umgeformt werden kann (Ausnahme: Part. Präs. und Part. Fut. sind aktivische Formen)	Parentēs (Akk.-Obj.) verērī decet.	Die Eltern muß man hochachten

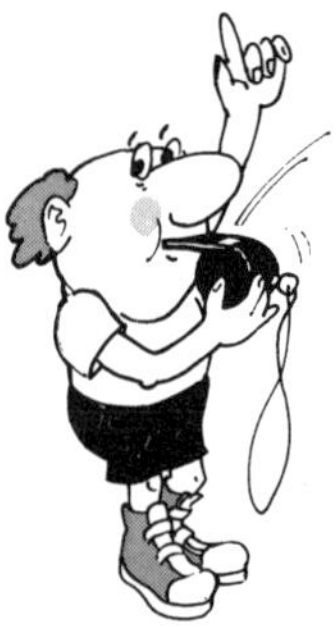

Übung 24:

Lassen sich die Passivformen in den folgenden Textbeispielen ohne weiteres auf die aktivische Form zurückführen, ist die Täterangabe aus dem Kontext nicht einzusetzen, handelt es sich um reflexives Passiv oder gehört die Form zu einem Deponens?

Übersetze die Beispiele:

1. Helvētiī angustōs fīnēs sē habēre arbitrābantur.
2. Mīlitēs, quī proeliō interfuērunt, facile ex vulneribus recreantur.
3. Sī quis māgnī nōminis est, in eum, quid agat, quemadmodum vīvat, inquīritur.
4. Cum iam merīdiēs appropinquāre vidērētur, domum revertit.
5. Audiātur et altera pars!
6. Philippus, Macedonum rēx, rēbus gestīs et glōriā ā fīliō superātus est.

Vokabeln:

alter (tera, terum)	der eine/andere (von beiden)
angustus (a, um)	eng, schwierig
appropinquāre, vī, tum	sich nähern
et	und, auch
glōria, ae f	Ruhm, Ehre
iam	schon, gleich, jetzt
inquīrere, quīsīvī, quīsītum (quaerere 46)	untersuchen, nachforschen
interesse, sum, fuī	dazwischen sein, teilnehmen
merīdiēs, ēī m (diēs 25)	Mittag, Süden
quemadmodum (quōmodō 29)	wie, auf welche Weise
recreāre, recreō	wiederherstellen, kräftigen
recreārī	sich erholen
rēs gestae, rērum gestārum f Pl	Taten, Geschichte
revertī, Perf. revertisse	zurückkehren
superāre, vī, tum	überragen, überwinden, überleben
vulnus, neris n	Wunde

Die Konjugation des Verbs

Die fünf Bestimmungsmerkmale der Verbform sind auf nur zwei Stellen verteilt, auf die Endung und ein Element, das zwischen Verbstamm und Endung tritt:

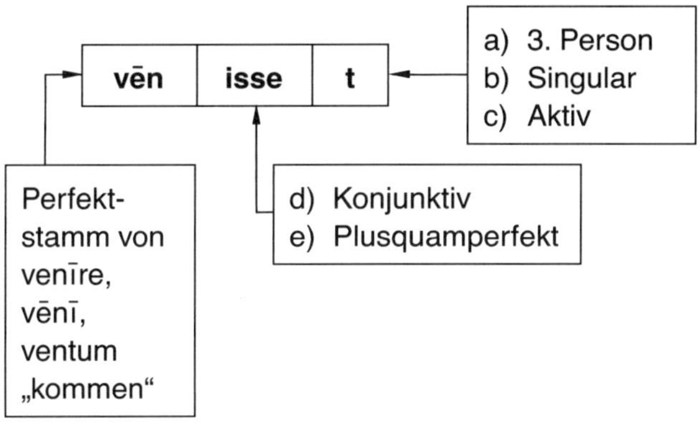

Im Schema der Formentabellen des lateinischen Verbs sind nun diese fünf Kategorien (Person, Numerus, Tempus, Modus und Genus verbi) in kunstvoller Weise miteinander kombiniert. Dabei ist noch zu berücksichtigen, daß die Formen von drei verschiedenen Stämmen der jeweiligen Verben gebildet werden.

1 Der Präsens-Stamm

Vom Präsensstamm sind die Formen des Präsens, Imperfekt, Futur I und die Konjunktive Präs. und Imperf. des Aktivs und des Passivs gebildet. Hierfür gilt die Einteilung der Verben in vier Konjugationen, wobei die Verben der konsonantischen Konjugation mit denen, deren Stamm auf ein kurzes -i- ausgeht, in der ‚dritten‘ Konjugation zusammengefaßt werden. In der Übersicht auf der folgenden Seite beschränken wir uns auf die am häufigsten vorkommende Form der 3. Person Singular.

Abweichungen gibt es im Konjunktiv Präsens, wo die Verben der a-Konjugation statt des üblichen Kennvokals -a- ein -e- haben, weil das -a- durch den Indikativ besetzt ist. Im Futur zeigen die ersten beiden Konjugationen ein -b-, wo die übrigen das Signal -a-/ -e- haben. Oft sind zwischen Stamm, Tempus/Modus-Zeichen und Personalendung Überbrückungslaute (Bildevokale) eingeschoben, die nichts bedeuten, z. B. ag-e-re-t, audi-ē-ba-t; manchmal fällt der Stammauslaut weg, z. B. put(a)-e-t, cap(i)-e-re-t.

	Erste oder a-Konjug.	Zweite oder e-Konjug.	Vierte oder i-Konjug.	Dritte oder kons. Konj.	mit i-Erweit.
Ind. Präs.	puta-t	tene-t	audi-t	ag-i-t	capi-t
Konj. Präs.	put-e-t	tene-a-t	audi-a-t	ag-a-t	capi-a-t
Ind. Impf.	putā-ba-t	tenē-ba-t	audi-ē-ba-t	ag-ē-ba-t	capi-ē-ba-t
Konj. Impf.	putā-re-t	tenē-re-t	audī-re-t	ag-e-re-t	cap-e-re-t
Fut. I	putā-b-i-t	tenē-b-i-t	audi-e-t	ag-e-t	capi-e-t
Infinitiv	putā-re	tenē-re	audī-re	ag-e-re	cap-e-re

2 Der Perfekt-Aktiv-Stamm

Vom Perfektstamm sind die Formen des Perfekt, Plusquamperfekt, Futur II und die Konjunktive Perf. und Plqpf. des Aktivs gebildet. Hier werden die Verben nach der Art der Perfektbildung eingeteilt. Dabei ergeben sich fünf Klassen:

	Perfekt ohne Stamm-veränderung	Perfekt mit Reduplikation	Dehnungs-/Ablaut-Perfekt	s-Perfekt	Perfekt auf -vī oder -uī
Inf. Präs.	solvere	dare	capere	mittere	putāre
Ind. Perf.	solv-it	ded-it	cēp-it	mīs-it	putāv-it
Konj. Perf.	solv-eri-t	ded-eri-t	cēp-eri-t	mīs-eri-t	putāv-eri-t
Ind. Plqpf.	solv-era-t	ded-era-t	cēp-era-t	mīs-era-t	putāv-era-t
Konj. Plqpf.	solv-isse-t	ded-isse-t	cēp-isse-t	mīs-isse-t	putāv-isse-t
Fut. II	solv-eri-t	ded-eri-t	cēp-eri-t	mīs-eri-t	putāv-eri-t

Die Tempus- und Modus-Zeichen stimmen in allen fünf Perfekt-Klassen überein. In der ersten Klasse ist die 3. Pers. Sing. Ind. Perf. nicht von der entsprechenden Präsensform zu unterscheiden (solvit). Konjunktiv Perf. und Fut. II lassen sich nur in der 1. Pers. Sing. auseinanderhalten (solv-eri-m gegenüber solv-er-ō).

3 Der Perfekt-Passiv-Stamm

Von diesem Stamm wird das Partizip Perfekt Passiv (PPP) gebildet, dessen deklinierte Formen zusammen mit den Präsens-Stammformen des Hilfsverbs ‚esse' der Formenbildung für das Perfekt, Plusquamperfekt und Futur II sowie für die Konjunktive Perf. und Plqpf. Passiv dienen. Das PPP wird durch Anfügen des Suffixes -tus (a, um) an den Verbalstamm gebildet: fac-e-re → fac-tus (a, um). Dieses Suffix kann auch statt eines -t- ein -s- oder -ss- aufweisen:

vidēre → vīsus (a, um) mittere → missus (a, um)

Weil von diesem Stamm auch das Supinum gebildet wird, von dem noch der Akkusativ:

grātulātum vēnērunt sie kamen, um Glück zu wünschen

und der Dativ:

difficile factū schwierig zu tun

in Gebrauch sind, nennt man ihn auch Supinstamm.

Zur Bestimmung der Verbformen muß man vor allem das System der Tempus/Modus-Zeichen und das System der Personalendungen im Gedächtnis behalten:

Tempus- und Modus-Zeichen:

	Aktiv		Passiv	
	Indikativ	Konjunktiv	Indikativ	Konjunktiv
Präsens	—	-e-, -a-	—	-e-, -a-
Imperfekt	-ba-	-re-	-ba-	-re-
Futur I	-b-, -a/e-	╳	-b-, -a/e-	╳
Perfekt	—	-eri-	PPP + est	PPP + sit
Plqpf.	-era-	-isse-	PPP + erat	PPP + esset
Futur II	-(ero)/eri-	╳	PPP + erit	╳

Personalendungen:

	Aktiv-endungen	Indikativ Perf. Aktiv	Passiv-endungen
1. Person Singular	-ō, -m	-ī	-or, -r
2. Person Singular	-s	-istī	-ris (-re)
3. Person Singular	-t	-it	-tur
1. Person Plural	-mus	-imus	-mur
2. Person Plural	-tis	-istis	-minī
3. Person Plural	-nt	-ērunt (-ēre)	-ntur

Übung 25:

Bestimme in dem folgenden Text alle Verbformen und übersetze ihn!

Quādam diē, cum egō et sociī meī urbem peterēmus et sōle ad occāsum appropinquante adhūc longē essēmus ab eā, vīdimus sēmitam, quae, ut nōbis vīsum est, ad urbem itūrīs prōmittēbat compendium. Ibī invēnimus senem, ā quō quaesīvimus cōnsilium dē itinere illīus sēmitae. At senex: „Propius“, inquit, „sēmita dūcit ad urbem quam māgna via, sed tamen citius per māgnam viam ad urbem veniētis quam per sēmitam.“ Hoc audientēs illum pro stultō habuimus. Itaque māgnā viā praetermissā sēmitae dēclīnāvimus. Quam sequentēs ad dexteram et ad sinistram, ubī nox nōs oppressit, dēerrāvimus neque ad urbem pervēnimus. Ac sī per viam iter perrēxissēmus, sine dubiō moenia urbis intrāssēmus.

(Nach Petrus Alfonsi, Disc. cler. 18)

Erläuterungen:

occāsus, ūs m	Untergang
sēmita, ae f	Pfad, Holzweg
compendium, iī n	Abkürzung, Ersparnis, Vorteil
citius Adv.	schneller
dēclīnāre b. Dat.	abbiegen zu . . .
intrāssēmus	= intrāvissēmus

Vokabeln:

ac	und, auch, also
adhūc	bis jetzt, noch
at	aber
dexter (tra, trum/tera, terum)	rechts
dūcere, dūxī, ductum	1. ziehen, 2. führen, 3. halten für
dubius (a, um)	zweifelhaft, bedenklich
errāre, vī, tum	(sich) irren, sich täuschen
dēerrāre	abirren, vom Wege abkommen
intrāre, vī, tum	eintreten, betreten
īre, eō, iī, itum	gehen
moenia, ium n Pl	Stadtmauer
neque	und nicht, auch nicht
opprimere, pressī, pressum	überfallen, bedrängen, unterdrücken
pergere, perrēxī, perrēctum	fortsetzen, weitermachen
praetermittere, mīsī, missum	vorbeigehen lassen, übergehen
prope b. Akk.	in der Nähe von
propius Adv.	näher
sequī, secūtus sum	folgen, sich anschließen (Deponens s. o. S. 61)
sinister (tra, trum)	links
sōl, sōlis m	Sonne
stultus (a, um)	töricht, dumm
ubī (prīmum)	sobald (als)

Die Verba anomala (die abweichenden Verben)

Auch die Verben, die in der Formenlehre der Grammatiken als ‚Verba anōmala' aufgeführt werden, signalisieren Person, Numerus, Tempus, Modus und Genus verbi bis auf wenige Abweichungen mit den gleichen Zeichen wie die übrigen Verben. Ihre Sonderstellung hat ihren Grund nicht nur in diesen Abweichungen, sondern vor allem in der Tatsache, daß die Formen dieser Verben von grundverschiedenen Stämmen gebildet werden. Zu den ‚abweichenden Verben' gehören:

1 ‚esse' und Komposita

Bei dem Verbum:

esse, sum, fuī; futūrus (a, um)	sein, vorhanden sein

finden sich Abweichungen nur im Präsensstamm, der in zwei Formen auftritt:

Ind. Präs.	s u m es es t s u mus es tis s u nt	Konj. Präs.	s i m s ī s s i t usw.
Ind. Impf.	er a m er ā s usw.	Konj. Impf.	es se m es sē s usw.
Ind. Fut.	er o er i s er i t usw. er u nt		

Nebem dem Wechsel zwischen s- und es- als Stamm, wobei es- vor Vokal zu er- wird, ist noch das -i- als Kennzeichen des Konjunktivs Präsens abweichend. Beim Infinitiv ‚esse' und dem danach geformten Konjunktiv Imperf. ‚essem' liegt Angleichung des Formelements -re- an den Stamm es- vor.

Die beiden Komposita:

posse, possum, potuī	können, Einfluß haben, gelten
prōdesse, prōsum, prōfuī	nützen, nützlich sein

zeigen überall dort, wo die Vorsilbe auf den Stamm es- (er-) trifft, deren ursprüngliche Form, nämlich pot- (vgl. potestās: Amtsgewalt) bzw. prōd- (vgl. prōd-īre: hervorgehen):

Ind. Präs.		Konj. Präs.	pos sim . . .
			prō sim . . .
pos sum	prō sum	Ind. Imperf.	pot eram . . .
pot es	prōd es		prōd eram . . .
pot est	prōd est	Konj. Impf.	pos sem . . .
pos sumus	prō sumus		prōd essem . . .
pot estis	prōd estis	Ind. Futur	pot erō . . .
pos sunt	prō sunt		prōd erō . . .

2 velle, nōlle, mālle

Die Formen des Indikativ Präsens der drei Verben:

velle, volō, voluī	wollen
nōlle, nōlō, nōluī	nicht wollen
mālle, mālō, māluī	lieber wollen

lernt man am besten zusammen:

volō	nōlō	mālō (eig. magis volō)
vīs	nōn vīs	māvīs
vult	nōn vult	māvult
volumus	nōlumus	mālumus
vultis	nōn vultis	māvultis
volunt	nōlunt	mālunt

Der Konjunktiv Präsens hat wie bei esse ein -i- als Zeichen: velim, velīs usw., entsprechend nōlim und mālim. Der Infinitiv lautet velle, der Konjunktiv Imperf. vellem. Das Futur hat das übliche Tempuszeichen -a/e-, also volam, volēs, ebenso nōlam, nōlēs und mālam, mālēs usw.

Die Formen des zur Klasse ‚-vī oder -uī' gehörenden Perfekts werden – wie bei esse (fuī) – regelmäßig gebildet. Ein Passiv gibt es ebensowenig wie bei esse.

3 Das Verbum ‚īre'

Das Verbum:

īre, eō, iī, itum	gehen

stellt den Sonderfall einer reinen i-Konjugation dar, bei dem der Stamm lediglich aus dem ‚ī' besteht, das bei anderen Verben (audī-re, scī-re, venī-re) nur den Stammauslaut bildet. Das führt dazu, daß die Formelemente manchmal umfangreicher sind als der Verbstamm, z. B. Ind. Perf. (i-ērunt: sie sind gegangen). Dieser Stamm tritt zuweilen als langes ī-, manchmal als kurzes i- (i-ērunt), teilweise als e- auf:

Präsens	eō	Konj.	eam	Ind. Perf.	iī
	īs		eās		īstī
	it		eat		iit
	īmus		eāmus		iimus
	ītis		eātis		īstis
	eunt		eant		iērunt
Imperf.	ībam	Konj.	īrem	Infinitiv Präsens:	
	ībās		īrēs	īre, Gerundium e-undī	
	usw.		usw.	Partizip Präsens:	
Futur	ī-bō			i-ēns, Genitiv e-untis	
	ī-bis				
	usw.				

Ein Passiv gibt es nur in der 3. Person Neutrum, dem deutschen „man" entsprechend:

Perīculō ab nostrīs eā ratiōne occurrēbātur, ut incertīs temporibus dīversīsque itineribus ī r ē t u r.
(Caesar, BG VII 16, 3)

Der Gefahr wurde von unseren Leuten in der Weise begegnet, daß man jeweils zu unbestimmter Zeit und auf verschiedenen Wegen ausrückte.

4 Das Verbum ‚ferre'

Bei diesem Verbum müssen unbedingt die Stammformen gelernt werden:

ferre, ferō, tulī, lātum	tragen, bringen; ertragen

Im Lexikon muß man nämlich, wenn z. B. die Form ‚lāta' in dem Satz ‚lēx lāta est' (Ein Gesetz wurde eingebracht) vorkommt, unter dem Buchstaben ‚f' (ferō) nachschlagen. Die Abweichungen in der Formenbildung des Präsensstammes sind gering und betreffen nur den Ausfall des sonst in der konsonantischen Konjugation üblichen Zwischenvokals in einigen Fällen:

Ind. Präs. Akt.	fer ō fer s fer t ferimus fer tis ferunt	Ind. Präs. Pass.	fer or fer ris fer tur ferimur feriminī feruntur	Inf. Präs. Akt. fer re Inf. Präs. Pass. fer rī
Konj. Impf. Akt.	fer rem fer rēs usw.	Konj. Impf. Pass.	fer rer fer rēris usw.	

Alle anderen Formen, sowohl des Präsens- wie des Perfekt- und des Supin-Stammes, werden regelmäßig gebildet.

Von ferre gibt es zahlreiche, in den Texten häufig vorkommende Komposita,

af-ferre, au-ferre, cōn-ferre, dē-ferre, dif-ferre, ef-ferre, īn-ferre, of-ferre, per-ferre, re-ferre.

Besondere Beachtung verdient das Kompositum mit der Vorsilbe ‚sub' wegen des abweichenden Präsensstamms:

tollere, tollō, sustulī, sublātum	emporheben, aufheben, beseitigen

Der Präsensstamm ist bekannt aus dem Verbum:

tolerāre, vī, tum	ertragen, erdulden

5 Das Semideponens ‚fierī'

Das Verbum:

fierī, fīō, factus sum	werden, geschehen, gemacht werden

ist ein Semideponens („Halb-Deponens"), bei dem Aktiv- und Passivformen gemischt auftreten. Die Formen des Präsensstamm haben außer dem Infinitiv aktivische Endungen:

Ind. Präs.	Konj. Präs.	Indik. Imperf.	Konj. Imperf.	Fut. I
fī ō fī s . . . fīunt	fī am fi ās . . . fī ant	fī ēbam fī ēbās . . . fī ēbant	fie-re-m fie-rē-s . . . fie-re-nt	fī am fī ēs . . . fī ent

Die Formen des Perfektstammes sind identisch mit dem Perfekt Passiv von facere. Deshalb muß in jedem Fall entschieden werden, ob es sich um das Passiv von ‚facere' oder das Perfekt des Deponens ‚fierī' handelt:

Quod castra mōvisset, factum esse inopiā pābuli respondit.	Er erwiderte, es sei aus Mangel an Verpflegung geschehen, daß er das Lager abgebrochen habe.
Pōns quī tribus diēbus ā mīlitibus factus erat, brevī tempore interruptus est.	Die Brücke, die von den Soldaten in drei Tagen hergestellt worden war, wurde in kurzer Zeit wieder abgebrochen.
Id nōn hominum cōnsiliō, sed deōrum voluntāte factum esse putābant.	Sie waren der Meinung, das sei nicht durch planvolles Handeln von Menschen, sondern durch den Willen der Götter geschehen.

Umgekehrt muß auch bei den Formen des Präsensstamms unterschieden werden, ob sie intransitive („geschehen") oder passivische Bedeutung („gemacht werden") haben:

Caesar ad eum locum pontem fierī iussit.	Caesar befahl, an dieser Stelle eine Brücke zu bauen (daß . . . gebaut werde).
Fit ad domum eius cum clāmōre concursus.	Es kommt zu einem mit Geschrei verbundenen Auflauf an seinem Haus.

Schließlich gibt es spezielle Bedeutungen wie in diesem Fall:

Ille tribūnus mīlitum factus est.	Jener ist zum Militärtribun (Legionsoffizier) ernannt worden.
Hīs dē rēbus Caesar certior factus est.	Hierüber wurde Caesar in Kenntnis gesetzt.

Übung 26:

Bestimme die Formen der ‚Verba anomala', die in den folgenden Textbeispielen vorkommen, und übersetze die Beispiele!

1. Omnia, quae fīunt, intereunt.
2. Nēmō pecūniam suam dīvidere vult.
3. Fac, ut sciam, quid dē nōbīs futūrum sit.
4. Incipit rēs melius īre, quam putāveram.
5. Quod ille facit, quam mihi prōsit, nesciō; reī pūblicae certē prōdest.
6. Catō esse quam vidērī bonus mālēbat.
7. Eō animō simus inter nōs, quō semper fuimus.
8. Cicerō ōrātor Rōmānus, ut opīniō mea fert, clārissimus fuit.
9. Dīc, sī vīs, dē quō disputārī velīs.
10. Ferās, quod vītāre nōn potes.

Vokabeln:

clārus (a, um)	hell, klar, berühmt
disputāre, vī, tum	erörtern
interīre, eō, iī, itum	(ver)schwinden, zugrunde gehen
melior (ius), ōris (bonus 22)	der bessere
nēmō, Dat. nēminī	niemand
ōrātor, ōris m	Redner
pecūnia, ae f	Geld, Vermögen
semper	immer
vītāre, vī, tum	aus dem Wege gehen, meiden

esse, sum, fuī; futūrus (a, um)	sein, vorhanden sein
posse, possum, potuī	können, Einfluß haben, gelten
prōdesse, prōsum, prōfuī	nützen, nützlich sein
velle, volō, voluī	wollen
nōlle, nōlō, nōluī	nicht wollen
mālle, mālō, māluī	lieber wollen
īre, eō, iī, itum	gehen
ferre, ferō, tulī, lātum	tragen, bringen; ertragen
fierī, fīō, factus sum	werden, geschehen, gemacht werden

Übung 27:

Wortschatzübungen:

1. Gib die deutsche Bedeutung der folgenden Komposita an!

adesse	adīre	afferre	afficere
abesse	abīre	auferre	cōnficere
dēesse	inīre	cōnferre	efficere
inesse	exīre	dēferre	interficere
interesse	subīre	differre	perficere
praeesse	trānsīre	efferre	reficere
superesse	interīre	īnferre	
	praeterīre	offerre	
	redīre	perferre	
	perīre	referre	

2. Mit welchen Verben sind die folgenden Substantive und Adjektive verwandt und was bedeuten sie?

absēns, ntis – aditus, ūs m – affectus, ūs m – differentia, ae f – exitus, ūs m – initium, iī n – reditus, ūs m

Nach welcher Deklination werden diese Nomina verändert?

3. Auf welche lateinischen Verben gehen die folgenden Fremdwörter zurück und was bedeuten sie?

Ablativ – Affekt – effizient – Interesse – Konfektion – Konferenz – Offerte – Perfekt – Plusquamperfekt – Präsens – Referat – Relation – Transit

Die Nominalformen des Verbs

Einige Verbformen zeigen sowohl Merkmale der Konjugation wie der Deklination. Sie sind nicht nur nach Tempus und Genus verbi (Aktiv ⟷ Passiv) bestimmt, sondern auch – wie die nominalen Wortarten (Substantiv, Adjektiv usw.) – nach Kasus, Numerus und grammatischem Geschlecht (Genus m, f, n). Unter diesen Nominalformen des Verbs sind die adjektivischen, die Partizipien und das Gerundivum, von den substantivischen, den Infinitiven, zu unterscheiden. Denn Partizipien und Gerundivum sind durch Übereinstimmung in Kasus, Numerus und Genus (Kongruenz) mit bestimmten Beziehungswörtern verbunden. Bei den Infinitiven ist das nicht der Fall. Zu den Verbalnomina rechnen wir auch das Gerundium und das Supinum. Es sind Verbalsubstantive, mit denen der in der Verbbedeutung gemeinte Vorgang oder Zustand zum abstrakten Begriff erhoben wird. Sie haben deshalb auch keine Bestimmung im System der Tempora und Genera verbi wie die Partizipien und Infinitive.

1 Partizipien und Gerundivum

Wie die nominalen und die verbalen Eigenschaften der Partizipien und des Gerundivums beim Aufbau des Satzes zusammenwirken, zeigt das folgende Beispiel:

Caesar discēdēns ab hibernīs
et in Ītaliam profectūrus, ut
quotannīs facere cōnsuēverat,
lēgātīs convocātīs imperat, uti
hieme nāvēs aedificandās vete-
rēsque reficiendās cūrārent.
(Nach BG V 1, 1)

Als Caesar aus dem Winterlager wegging und im Begriff war, nach Italien zu reisen, wie er es gewöhnlich jedes Jahr tat, befahl er den versammelten Kommandeuren, sie sollten im Winter Schiffe bauen und die alten reparieren lassen.

In diesem Satz kommen alle Partiziparten vor, die das Lateinische kennt, sowie zwei Formen des Gerundivs. Das Partizip Präsens Aktiv ‚discēdēns' (1), sagt aus, daß Caesar gerade dabei war, das Winterlager zu verlassen, um nach Italien zu reisen: ‚profectūrus' (2). Hier wird das Partizip Futur Aktiv gesetzt, weil die Handlung – bezogen auf die für das berichtete Geschehen geltende Gegenwart – noch bevorsteht. Die in dem Partizip Perfekt Passiv ‚convocātīs' mitgeteilte Handlung (4) ist jedoch in bezug auf jene Gegenwart bereits vergangen. Schließlich ist in beiden Gerundivformen ‚aedificandās' (5) und ‚reficiendās' (6) gesagt, was im Winter mit den Schiffen geschehen soll. Das Gerundivum läßt sich also im Schema der Partizipien auf der Passivseite im Bereich des Präsens oder Futur einordnen.

	Aktiv	Passiv
Präsens	convocā**ns**, **nt**is zusammenrufend	convoca**nd**us (a, um) wer zusammengerufen wird; wer zusammengerufen werden soll
Futur	convocā**tūr**us (a, um) im Begriff, zusammenzurufen	
Perfekt		convocā**tus** (a, um) zusammengerufen

Durch die Bestimmung innerhalb dieses verbalen Systems erhalten die im Partizip oder Gerundivum ausgedrückten Handlungen ihren Platz im Zeitprofil des Geschehens (Tempus), werden sie danach unterschieden, ob sie in der Perspektive des Täters (Aktiv) oder aus der Sicht des Betroffenen (Passiv) in den Blick kommen. Durch die Bestimmung innerhalb des nominalen Systems aber können diese Handlungen auf diejenigen Figuren und Dinge bezogen werden, durch die oder an denen sie ausgeführt werden:

Caesar	Nominativ Singular m	discēdēns – profectūrus
lēgātīs	Dativ Plural m	convocātīs
nāvēs	Akkusativ Plural f	aedificandās – reficiendās

Grammatisch gesprochen: Die Kasusformen erlauben es, die Partizip- und Gerundivformen bestimmten Satzgliedern zuzuordnen, dem Subjekt, dem Dativ- oder Akkusativ-Objekt. Doch sind sie diesen Satzgliedern nicht nur wie ein Attribut beigegeben, z. B. wie das Adjektiv ‚veterēs' dem Substantiv ‚nāvēs' in dem Gliedsatz am Schluß unseres Beispiels. Vielmehr haben sie den Charakter eines Prädikativs, einer in den übergeordneten Satz eingebetteten zusätzlichen Aussage. Mit anderen Worten: Sie sind satzwertig. Das zeigt die Austauschprobe, in der die Partizip- und Gerundivformen durch Gliedsätze ersetzt werden:

Caesar discēdēns Caesar profectūrus	Caesar, cum discēderet ab hibernīs et in Ītaliam proficīscī in animō habēret,
lēgātīs convocātīs	lēgātīs, quī ab eō convocātī erant,
nāvēs aedificandās . . . reficiendās	cūrārent, ut nāvēs aedificārentur, veterēs reficerentur

Im Hinblick auf den Satzbau nennt man die Einbettung einer Information mit Hilfe des Partizips, das einem Beziehungswort des übergeordneten Satzes in Kasus, Numerus und Genus angeglichen wird, ‚participium coniunctum' (verbundenes Partizip). Doch ist die partizipiale Einbettung einer satzwertigen Information auch möglich, wenn kein Anschluß an ein Satzglied des übergeordneten Satzes hergestellt werden kann. Für diesen Zweck ist der Ablativ geeignet:

quibus rēbus cōgnitīs	nachdem diese Dinge bekanntgeworden waren . . .

Als Gegenbegriff zum ‚verbundenen Partizip' (part. coni.) hat man hierfür die Bezeichnung ‚losgelöster Ablativ' (ablativus absolutus) gewählt.

Übung 28:

Bestimme Form und Beziehungswort der Partizip- und Gerundivformen, die in dem folgenden Text vorkommen! Welche Funktion haben die Beziehungswörter als Satzglied? Wo ist eine solche Funktion nicht zu erkennen? Übersetze den Text!

Rēgibus Etrūscīs nōniam rēgnantibus plēbs Rōmāna ā patribus dissentiēns in Monte Sacrō cōnsēdit. Tum Menēnius Agrippa ā senātū ad plēbem redūcendam missus populum novā lībertāte temerē gaudentem ōrātiōne plācāvit. (Nach: Valerius Maximus VIII 9, 1)

Erläuterungen:

Nach der Überlieferung herrschten von 753 bis 510 vor Chr. etruskische Könige über Rom.

Mons Sacer: Ein Hügel 5 km östlich von Rom, auf den sich 494 vor Chr. die Plebs im Konflikt mit dem Adel zurückgezogen haben soll.

Menenius Agrippa: Konsul 503; er soll in seiner Rede das Gleichnis vom Magen und den Körpergliedern gebraucht haben, um Adel und Plebs als aufeinander angewiesen hinzustellen.

plācāre, vī, tum	glätten, beruhigen

Vokabeln:

cōnsidere, sēdī, sessum	sich niederlassen
gaudēre, gāvīsus sum	sich freuen
lībertās, tātis f (līber 59)	Freiheit
nōniam	nicht mehr
ōrātiō, ōnis f (ōrātor 73)	Rede
plēbs, plēbis f	(nichtadliges) Volk
temerē Adv.	planlos, blindlings

Die lateinischen Partizipformen lassen sich nur in wenigen Fällen mit deutschen Partizipien wiedergeben. Meist müssen andere sprachliche Mittel gefunden werden, z. B. Beiordnung in einen selbständigen Satz, Unterordnung in einem Gliedsatz oder Wahl eines entsprechenden Verbalsubstantivs.

Übung 29:

Es gibt im Deutschen mehrere Möglichkeiten, lateinische Partizip-Konstruktionen wiederzugeben. Sie sind in dem folgenden Beispiel verwendet, das nach einer Caesar-Stelle gestaltet ist. Beschreibe, in welcher Form der Übersetzer die lateinischen Partizipien wiedergegeben hat!

Menāpiī ad utramque rīpam Rhēnī flūminis incolentēs adventū Germānōrum perterritī ex iīs aedificiīs, quae trāns flūmen habuerant, dēmigrāvērunt et cis Rhēnum dispositīs praesidiīs Germānōs trānsīre prohibēbant.

(Nach: Caesar BG IV 4)

Die Menapier, die an beiden Ufern des Rheins wohnten, gerieten durch die Ankunft der Germanen in Panik, verließen die Gehöfte, die sie jenseits des Flusses bewohnt hatten, und versuchten durch Aufstellen von Wachposten diesseits des Rheins die Germanen am Flußübergang zu hindern.

Erläuterungen:

Die Menapier waren ein belgischer Stamm. Bei den Germanen, die über den Rhein wollten, handelt es sich um die Usipeter und Tenkterer.

Vokabeln:

adventus, ūs m	Ankunft
cis b. Akk. (⟷ trāns 25)	diesseits
dēmigrāre, vī, tum	abwandern, wegziehen
dispōnere, posuī, positum	verteilen, ordnen
perterrēre, uī, itum	jemanden gewaltig erschrecken, einschüchtern
praesidium, iī n	Schutz, Besatzung, Posten
rīpa, ae f	Ufer
trānsīre, eō, iī, itum	hinübergehen, überschreiten
uterque (utraque, utrumque)	jeder (von beiden)

Übung 30:

Übersetze den folgenden Text und prüfe die verschiedenen Wiedergabemöglichkeiten für die lateinischen Partizipien (vgl. Übung 29)!

Zur Übersetzungsmethode: Teile zuerst Wortgruppen ab, indem Du auf aufeinanderfolgende Wörter im gleichen Kasus, präpositionale Ausdrücke, kurze Gliedsätze sowie AcI- und Partizipkonstruktionen achtest (vgl. Übung 17)!

Germānī post tergum clāmōre audītō, cum suōs interficī vidērent, armīs abiectīs sē ex castrīs ēiēcērunt et, cum ad Rhēnum pervēnissent, reliquā fugā dēspērātā, māgnō numerō interfectō, sē in flūmen praecipitāvērunt.

(Nach: Caesar BG IV 15, 1/2)

Vokabeln:

abicere, iō, iēcī, iectum	wegwerfen
arma, ōrum n Pl	Waffen, Gerät
clāmor, ōris m	Geschrei, Lärm
ēicere, iō, iēcī, iectum	hinauswerfen (sē ēicere herausstürzen)
fuga, ae f (fugere 55)	Flucht
interficere, iō, fēcī, fectum	niedermachen, töten
numerus, ī m	Zahl, Reihe, Rang
post b. Akk.	räumlich: hinter (zeitlich: 29)
(praecipitāre, vī, tum	[sich] kopfüber hinabstürzen)
tergum, ī n	Rücken

Ein Prädikativum, d. h. eine mit Hilfe einer Nominalform eingebettete Aussage, kann auch durch eine andere Wortart als durch ein Partizip oder Gerundivum dargestellt werden. In diesem Beispiel ist es ein Substantiv:

Hannibalem iam puerum pater sēcum in Hispaniam dūxit.	(Den) Hannibal nahm sein Vater schon, als er noch ein Kind war, mit nach Spanien.

Hier sind es Adjektive:

Hannibal prīnceps in proelium ībat, ultimus excēdēbat.	Hannibal war der erste, der ins Gefecht ging, und der letzte, der sich aus ihm zurückzog.

Der Übersetzer hat die Satzwertigkeit des Prädikativums dadurch berücksichtigt, daß er im ersten Fall im Deutschen einen Gliedsatz gewählt hat. Im zweiten Satz hat er es an die Stelle des Prädikatsnomens gerückt und das Prädikat (ībat, excēdēbat) in einen Relativsatz gestellt.

Übung 31:

Ob es sich um ein Attribut handelt oder um ein Prädikativum, entscheidet sich nach dem Zusammenhang:

Attribut:

Partem ultimam pontis Caesar rescindit.	Das äußerste Ende der Brücke läßt Caesar einreißen.

Prädikativum:

Hannibal ultimus proeliō excēdēbat.	Hannibal verließ gewöhnlich als letzter den Kampfplatz.

Entscheide, ob es sich in den folgenden Beispielen um Attribut oder Prädikativum handelt, prüfe die verschiedenen Wiedergabemöglichkeiten und übersetze die Beispiele!

1. Catō senex linguam Graecam didicisse fertur.
2. Caesar īnscius ab hostibus circumventus est.
3. Sulla mortuus est quīndecim annīs ante Cicerōnem cōnsulem.
4. Nōbilissimī Helvētiōrum lēgātī ad Caesarem missī sunt.
5. Ariovistus līberōs prīncipum obsidēs poscēbat.

Vokabeln:

ante b. Akk.	vor
circumvenīre, vēnī, ventum	umringen, umzingeln
discere, didicī	lernen
fertur (ferre 74)	es wird überliefert, daß
īnscius (a, um) (īnscientia 29)	nicht wissend
lēgātus, ī m	Gesandter
lingua, ae f	Zunge, Sprache
nōbilis (e), is	edel, berühmt, vornehm
obsēs, obsidis m f	Geisel, Bürge
poscere, poposcī	fordern
prīnceps, cipis	erster, vornehmster; Subst. Fürst, Führer
quīndecim	fünfzehn

2 Infinitive

Der Infinitiv kann ohne Formveränderung die Funktion der wichtigsten Satzglieder erfüllen, z. B. die des Subjekts:

Navigāre necesse est	Seefahrt tut not

Hier ist nicht nur die Stelle des Subjekts, sondern auch die des Prädikatsnomens durch einen Infinitiv besetzt:

Beneficium accipere lībertātem est vēndere.	Eine Wohltat annehmen heißt, seine Freiheit verkaufen.

Schließlich kann ein Infinitiv die Stelle einer Akkusativ-Ergänzung (Objekt) füllen:

Cicerō in senātum nōn venīre statuerat.	Cicero hatte beschlossen, nicht in den Senat zu kommen.

Seinen verbalen Charakter zeigt der Infinitiv hier nicht nur durch seine Bestimmung nach Tempus und Genus verbi (Inf. Präs. Akt.), sondern auch dadurch, daß er selbst Ergänzungen bei sich hat (beneficium, lībertatem, in senātum). Sobald nun neben einem solchen Objektsakkusativ ein weiterer Akkusativ auftritt, handelt es sich aller Wahrscheinlichkeit nach um eine Akkusativ-mit-Infinitiv-Konstruktion (AcI), d. h. die Einbettung eines Satzinhalts in einen übergeordneten Satz an der Subjekt- oder Objektstelle:

Explōrātōrēs Caesarī nūntiāvērunt Helvētiōs per prōvinciam iter facere velle.	Kundschafter meldeten Caesar, daß die Helvetier durch die Provinz ihren Weg nehmen wollten.

Bei der Einbettung wird das Subjekt des selbständigen Satzes in den Akkusativ, das Prädikat aber in den Infinitiv gesetzt:

Helvētiī per prōvinciam iter facere volunt.

↓ ↓

Explōrātōrēs Caesarī [Helvētiōs per prōvinciam iter facere velle] nūntiāvērunt.

Während der AcI hier die Objekt-Stelle füllt, hat er bei unpersönlichen Ausdrücken die Funktion des Subjekts:

Cōnstat ad salūtem cīvium inventās esse lēgēs.	Es steht allgemein fest, daß die Gesetze zum Wohle der Bürger erfunden worden sind.

Damit sind schon zwei Gruppen von sprachlichen Ausdrücken genannt, bei denen der AcI erwartet werden darf. Hier folgt eine Übersicht über die Ausdrücke, die den AcI bei sich haben:

1. Ausdrücke der sinnlichen und geistigen Wahrnehmung (verba sentiendī):	
Animadvertit Caesar ūnōs ex omnibus Sēquanōs nihil eārum rērum facere, quās cēterī facerent. (Caesar BG I 32, 2)	Caesar bemerkte, daß allein von allen die Sequaner nichts von den Dingen tun, welche die anderen unternehmen.
2. Ausdrücke der Gemütsstimmung (verba affectūs):	
Gaudeō tibi iūcundās esse meās litterās. (Cicero, Ad Qu. fratr. II 10, 1)	Ich freue mich darüber, daß dir mein Brief willkommen ist.
3. Ausdrücke der sprachlichen Äußerung (verba dīcendī):	
Caesarī nūntiātum est Helvētiōs per prōvinciam nostram iter facere cōnārī. (Caesar BG I 7, 1)	Caesar erhielt die Meldung, daß die Helvetier versuchen würden, ihren Weg durch die römische Provinz zu nehmen.
4. Ausdrücke des Wünschens und Begehrens (verba voluntātis):	
Germānī ūllam rem ad sē importārī nōn dēsīderant. (Caesar BG IV 2, 1)	Die Germanen wünschen nicht, daß irgendeine Sache bei ihnen importiert werde.
5. Unpersönliche Ausdrücke (impersōnālia):	
Ōrātōrem īrāscī minimē decet, simulāre nōn dēdecet. (Cicero, Tusc. disp. IV 55)	Es gehört sich keineswegs, daß der Redner sich vom Zorn hinreißen läßt, doch ist es nicht unschicklich, wenn er den Leuten etwas vormacht.

Die Ausdrücke brauchen keine Verben zu sein. So kann es z. B. statt ‚gaudeō' heißen ‚mihi gaudiō est' oder statt ‚decet' auch ‚mōs est' („es ist so Sitte"), ohne daß sich die AcI-Konstruktion ändert.

Übung 32:

Acl oder einfache Infinitiv-Konstruktion? Begründe Deine Entscheidung und übersetze die Beispiele!

1. Imperāre sibi maximum est imperium.
2. Ōrātōrem īrāscī minimē decet.
3. Sapiēns prīncipem sē esse māvult quam vidērī.
4. Catō esse quam vidērī bonus mālēbat.
5. Patēre tua cōnsilia, Catilīna, nōn sentīs?
6. Negō quemquam vestrum dīcere posse sē hoc nōndum audīvisse.
7. Omnēs beātī esse volumus.

Vokabeln:

imperāre, vī, tum	befehlen, beherrschen
minimē Adv.	am wenigsten, ganz und gar nicht
negāre, vī, tum	verneinen, leugnen, verweigern
nōndum (vgl. nōniam 77)	noch nicht
patēre, uī	offenstehen, sich erstrecken
sapiēns, entis	weise, vernünftig
sentīre, sēnsī, sēnsum	(be)merken, empfinden; meinen
quisquam (quicquam)	(überhaupt) jemand (– etwas)
vestrum (Gen. Pl. des Personalpronomens der 2. Person Pl.)	von euch

Wenn die im Infinitiv eingebettete Aussage und das übergeordnete Prädikat ein gemeinsames Subjekt haben, kann der Nominativ-mit-Infinitiv (nominativus cum infinitivo: NcI) stehen. Das ist bei dem Satz

Catō senex linguam Graecam didicisse fertur.	Es wird gesagt, daß Cato noch als alter Mann Griechisch gelernt habe.

der Fall, der durchaus auch im AcI stehen könnte:

Catōnem senem linguam Graecam didicisse fertur.

Umgekehrt ist es bei diesem Satz von Cicero im AcI:

Nōn mihi vidētur ad beātē vīvendum satis posse virtūtem. (Tusc. disp. V 12)	Mir scheint die Tugend für ein glückliches Leben nicht auszureichen.

Diesen Satz könnte man auch in einen NcI umformen:

Nōn mihi vidētur ad beātē vīvendum satis posse virtūs.

Den Wechsel zwischen diesen beiden Konstruktionen findet man häufig bei ‚iubēre' (befehlen) und ‚vetāre' (verbieten). So kann es z. B. heißen:

Fīlius sine comite nāvigāre vetītus est.	Dem Sohn wurde verboten, ohne Begleitung auf See zu gehen.

Wird aber der Urheber des Verbots hervorgehoben, so steht der Satz im AcI, das Prädikat im Aktiv:

Pater fīlium sine comite nāvigāre vetuit.	Der Vater verbot dem Sohn, ohne einen Begleiter auf See zu gehen.

Übung 33:

<u>AcI oder NcI?</u> Begründe Deine Entscheidung und <u>übersetze</u> die Beispiele!

1. Nerviī vīnum ad sē īnferrī nōn patiēbantur.
2. Pater omnēs suōs sequī sē iussit.
3. Tempestās hodiē serēna fore vidētur.
4. Cīvēs oppidī expūgnātī arma trādere iussī sunt.
5. Caesar portās claudī mīlitēsque ex oppidō exīre iubet.
6. Cīvitās Athēniēnsium prūdentissima fuisse trāditur.
7. Iniūriam tibi factam esse quereris.

Vokabeln:

cīvis, is m	Bürger
claudere, clausī, clausum	abschließen, einschließen
expūgnāre, vī, tum	erstürmen, erobern
fore = futūrum (am, um; ōs, ās, a) esse	
hodiē	heute
īnferre, īnferō, intulī, illātum	hineintragen, (einem etw.) hinzufügen
iniūria, ae f	Unrecht, Beleidigung
patī, patior, passus sum	zulassen, dulden, leiden
porta, ae f	Tor, Pforte
prūdēns, entis	klug, umsichtig
querī, questus sum	klagen, sich beklagen

(serēnus [a, um]	heiter, wolkenlos)
tempestās, tātis f	Zeit(abschnitt); Wetter, Unwetter, Sturm
trādere, didī, ditum	übergeben, überliefern
vīnum, i n	Wein

Deklinierte Formen, die sich auf ein bestimmtes Nomen im Satz beziehen lassen, haben nur diejenigen Infinitive, die aus einer Partizipform und dem Infinitiv von ‚esse' zusammengesetzt sind:

	Aktiv	Passiv
Präsens	convocāre zusammenrufen	convocārī zusammengerufen werden
Futur	convocātūrum esse zusammenrufen werden	
Perfekt	convocāvisse zusammengerufen haben	convocātum (am, um; ōs, ās, a) esse zusammengerufen worden sein

Für den fehlenden Infinitiv Futur Passiv gibt es eine Umschreibung mit Hilfe des Supinums (s. u. 3) und des Inf. Präs. Pass. von īre:

Hās litterās tibi redditum īrī putābam prius.	Ich nahm an, daß Dir dieser Brief früher zugestellt werden würde.
(Cicero, Ad Att. VII 1, 1)	

3 Gerundium und Supinum

Wenn der Infinitiv nicht die Stelle des Subjekts, Prädikats oder Akkusativ-Objekts einnimmt, sondern ein Attribut oder eine adverbiale Bestimmmung darstellt, wird das sogenannte Gerundium verwendet. Es wird durch Anhängen des Suffixes -nd- an den Verbstamm gebildet und mit den Endungen der o-Deklination versehen (Tabelle S. 86).

Wegen des gemeinsamen Suffixes und der Zugehörigkeit zur o-Deklination sind Gerundium und Gerundivum leicht zu verwechseln. Im Lateinischen werden sie vielfach nebeneinander gebraucht:

Germānī celeritāte adventūs nostrī perterritī neque cōnsiliī habendī neque arma capiendī spatiō datō perturbantur.	Die Germanen waren über die Raschheit unserer Ankunft bestürzt und gerieten, da weder Zeit blieb, Rat zu halten, noch, die Waffen zu ergreifen, in Verwirrung.
(Caesar BG IV 14, 2)	

Genitiv	-ndī	imperītus nāvigandī	unerfahren in der Seefahrt
Dativ (selten)	-ndō	cīvitātēs nōn sunt solvendō	die Gemeinden sind zahlungsunfähig (= sind zum Zahlen nicht da)
Akkusativ	-ndum	rapiditāte flūminis ad trānseundum impedītī sunt	durch die reißende Strömung wurden sie am Übergang gehindert
Ablativ	-ndō	vix mē teneō ab accūsandō	ich kann mich kaum zurückhalten, Anklage zu erheben

Sowohl ‚cōnsilii habendī‘ wie ‚arma capiendī‘ sind Genitivattribute zu ‚spatiō‘ („Zeit für . . ."). Aber während ‚habendī‘ als adjektivisches Attribut zu ‚cōnsiliī‘ in Kasus, Numerus und Genus mit seinem Beziehungswort übereinstimmt („für einen zu haltenden Rat"), hängt ‚arma‘ als Akkusativ-Objekt von ‚capiendī‘ ab („die Waffen zu ergreifen"). Graphisch lassen sich die Abhängigkeitsverhältnisse so darstellen:

spatiō nōn datō (Abl. abs.)

cōnsiliī (Genitiv-Attribut) | capiendī (Genitiv-Attribut)

habendī (Adj. Attribut) | arma (Akk.-Objekt)

Wenn beide Ausdrucksweisen möglich sind, wird in der Regel das Gerundivum dem Gerundium vorgezogen.

Übung 34:

Gerundium (deklinierter Infinitiv) oder Gerundivum (Verbaladjektiv auf -us/-a/-um mit passivischer Bedeutung)? Begründe Deine Entscheidung!

1. Gallī bellī renovandī cōnsilium cēpērunt. — Die Gallier beschlossen, den Krieg wiederaufzunehmen.
2. Ars rem pūblicam administrandī discī potest. — Die Kunst, den Staat zu regieren, kann man lernen.

3. Nōn mihi vidētur ad beātē vīvendum satis posse virtūtem.	Mir scheint die Tugend für ein glückliches Leben nicht auszureichen.
4. Oppidum māgnam ad dūcendum bellum dabat facultātem.	Die Stadt bot eine große Möglichkeit, den Krieg in die Länge zu ziehen.
5. Ab ineunte adulēscentiā mē ad dēfendendōs hominēs dedī.	Sowie ich erwachsen war, habe ich mich der Aufgabe gewidmet, Menschen vor Gericht zu verteidigen.

Das Supinum ist ein Verbalsubstantiv, das nach der u-Deklination verändert und von dem gleichen Stamm gebildet wird, der auch den Formen des Partizip Perfekt Passiv zugrunde liegt. Gebräuchlich sind nur noch der Akkusativ mit finaler Bedeutung (Supinum I) und der Dativ (ohne Endungs-i), der auf die Frage „wozu?" antwortet (Supinum II). Beispiele:

Supinum I:

Sēquanī lēgātōs ad Caesarem mīsērunt ōrātum, nē sē in hostium numerō dūceret.
(Caesar BG VI 32, 1)

Die Sequaner schickten Unterhändler zu Caesar, um die Biite auszusprechen, er möge sie nicht zu den Feinden rechnen.

Supinum II:

Perfacile factū esse illīs probat cōnāta perficere.
(Caesar BG I 3, 6)

Er beweist ihnen, daß es ganz leicht zu machen sei, das Unternehmen durchzuführen.

Die Folge der Tempusformen (consecutio temporum)

Im Lateinischen ist der Gebrauch der Tempusformen in über- und untergeordneten Sätzen oder Nominalkonstruktionen genau geregelt. Dabei werden drei Arten von zeitlicher Beziehung unterschieden:

(1) **Vorzeitigkeit**	Der untergeordnete Verbinhalt (Zustand, Vorgang) liegt zeitlich vor dem Geschehen des übergeordneten Verbinhalts.	Caesar cum hoc audīvisset, ab urbe profectus est. (Als Caesar dies gehört hatte, brach er aus Rom auf.)
(2) **Gleichzeitigkeit**	Der untergeordnete Verbinhalt findet zur gleichen Zeit statt wie das Geschehen des übergeordneten Verbinhalts.	Clientēs quaesīvērunt, num patrōnus domī esset. (Die Klienten fragten, ob der Anwalt zu Hause sei.)
(3) **Nachzeitigkeit**	Der untergeordnete Verbinhalt liegt zeitlich später als das Geschehen des übergeordneten Verbinhalts.	Cōnsulātum ita gerere cōnstituī, ut honōrem appetītūrus nōn sim. (Ich habe beschlossen, mein Konsulamt so zu führen, daß ich keinen Ehrgeiz entwickeln werde.)

Das Verhältnis der Nachzeitigkeit wird nicht immer – wie in dem obigen Beispiel – durch die umschreibende Konjugation (coniugatio periphrastica) ausgedrückt. Meist muß es dem Bedeutungszusammenhang entnommen werden:

Lēgem brevem esse oportet, ut etiam imperītī teneant.	Ein Gesetz muß kurzgefaßt sein, damit es auch die Unkundigen behalten können.

In den Satzgefügen mit konjunktivischem Gliedsatz sieht die Folge der Tempusformen so aus:

Übergeordneter Satz	Abhängiger Satz		
	Gleichzeitigkeit	**Vorzeitigkeit**	**Nachzeitigkeit**
Tempus der Gegenwart oder Zukunft	Konjunktiv Präsens	Konjunktiv Perfekt	Umschreibung mit -ūrus sim . . .
Tempus der Vergangenheit	Konjunktiv Imperfekt	Konjunktiv Plusquamperfekt	Umschreibung mit -ūrus essem . . .

Bei den indikativischen Gliedsätzen entsprechen die lateinischen und deutschen Tempora einander weitgehend. Ausnahmen: Bei ‚dum' in der Bedeutung „während" steht auch bei vergangenen Geschehnissen der Indikativ Präsens, der im Deutschen mit dem Präteritum wiedergegeben wird:

Dum Rōmānī parant cōnsultantque, iam Saguntum summā vī ab Hannibale oppūgnābātur.

Während die Römer noch Vorbereitungen trafen und berieten, wurde Sagunt schon mit aller Macht von Hannibal angegriffen.

Bei ‚priusquam', ‚postquam' u. a. wird die Vorzeitigkeit nicht wie sonst durch das Plusquamperfekt, sondern durch das Perfekt ausgedrückt. Es wird im Deutschen durch das Plusquamperfekt wiedergegeben:

Hic medicus, priusquam aegrōtum vīdit, causam morbī intellēxit.

Dieser Arzt diagnostizierte die Krankheit schon, bevor er den Patienten gesehen hatte.

Bei den Nominalformen des Verbs haben die Tempora nur die Funktion, die Zeitbeziehungen zum übergeordneten Prädikat anzugeben. Deshalb kann man diese Funktionen zugleich mit der Form lernen:

	Aktiv	Passiv
Nominalformen der Gleichzeitigkeit	Inf. Präs. convocā-re Part. Präs. convocā-ns, ntis	convocā-rī Gerundivum: convoca-nd-us (a, um)
Nominalformen der Nachzeitigkeit	Inf. Fut. convocā-t-ūr-um esse Part. Fut. convocā-t-ūrus (a, um)	convocā-tu-m īrī Gerundivum: convoca-nd-us (a, um)
Nominalformen der Vorzeitigkeit	Inf. Perf. convocā-v-isse (ein Part. Perf. mit z. T. aktivischer Bedeutung haben nur Deponentien: adeptus = wer erreicht hat)	Inf. Perf. convocā-t-um esse (oft ohne esse) P.P.P. convocā-t-us (a, um)

Übung 35:

Welches Zeitverhältnis besteht zwischen Haupt- und Gliedsatzhandlung bzw. zwischen übergeordnetem Verbinhalt und Nominalkonstruktion? Versuche, bei der Übersetzung das Zeitverhältnis zum Ausdruck zu bringen!

1. Cupio audīre, quid sentiās.
2. Castra propinqua hīs locīs erant, ubī bellum gesserat.
3. Hōc proeliō factō pontem in flūmine faciendum cūrat.
4. Vercingetorīx cīvitātī persuāsit, ut dē fīnibus suīs exīrent.
5. Vercingetorīx, cum ad suōs redīsset, prōditiōnis accūsātus est.
6. Id deōrum voluntāte factum esse putābant.
7. Caesar in Itāliam profectūrus lēgātōs convocāvit.

Vokabeln:

accūsāre, vī, tum	anklagen, beschuldigen
convocāre, vī, tum	zusammenrufen
cūrāre, vī, tum	sorgen, besorgen, pflegen
(nāvēs aedificandās cūrāvit	er ließ Schiffe bauen)
persuādēre, suāsī, suāsum	überreden, überzeugen
pōns, pontis m	Brücke
prōditiō, ōnis f	Verrat
propinquus (a, um)	nahe, benachbart, verwandt
ubī	wo
voluntās, tātis f	Wille, Zustimmung

Übung 36:

Übersetze die folgende Anekdote!

Cornēlia, Gracchōrum māter, cum Campāna mātrōna – apud illam hospita – ōrnāmenta sua, pulcherrima illīus saeculī, ostenderet, trāxit eam sermōne, dum ē scholā redīrent līberī, et: „Haec“, inquit, „ōrnāmenta sunt mea!“ (Val. Max. IV 4, 1)

Erläuterungen:

Cornelias Söhne Tiberius und Gaius Sempronius Gracchus wurden später durch ihre Versuche bekannt, als Volkstribunen (133 u. 123/2 vor Chr.) eine Bodenreform durchzusetzen. In Kampanien, der Gegend um Neapel, herrschte ein hoher Lebensstandard.

mātrōna, ae f	ehrbare verheiratete Frau, Dame
hospita, ae f	(zu) Gast
schola, ae f	Schule

Vokabeln:

dum b. Ind.	während
b. Konj.	damit unterdessen
māter, tris f	Mutter
ōrnāmentum, ī n	Schmuck(stück)
ostendere, tendī	zeigen
pulcher (chra, chrum)	schön, vortrefflich
saeculum, ī n	Zeitalter, Jahrhundert
sermō, ōnis m	Gespräch, Sprache
trahere, trāxī, tractum	ziehen, schleppen, hinhalten

Satzlehre auf einen Blick

(1) **Ein Satz** besteht aus dem Subjekt, einer oder mehreren Ergänzungen (Objekten) und dem Prädikat, das meist durch die finite Form eines Verbs gebildet wird, sowie aus zusätzlichen adverbialen Bestimmungen.	Poenae timōre (adv. Best. d. Grundes) multī (Subjekt) vērum (Akk.-Erg.) nōn dīcunt (Präd.): „Aus Furcht vor Strafe sagen viele nicht die Wahrheit." Die S-Stelle muß nicht durch ein eigenes Wort besetzt sein: Domum redit: „Er kommt nach Hause."
(2) **Subjekt und Ergänzungen** können durch einen nominalen Ausdruck im erforderlichen Kasus, durch eine Infinitivkonstruktion oder durch einen Gliedsatz dargestellt werden.	Caesar cōnsilium suum ostendit: „C. legte seinen Plan dar." Caesar id facere velle ostendit: „C. machte klar, daß er das tun wolle." Caesar, quid suī cōnsiliī esset, ostendit: „C. legte dar, was sein Plan sei."
(3) Ein **nominaler Ausdruck** besteht aus einer oder mehreren deklinierten Formen der Wortarten Substantiv, Adjektiv, Pronomen oder Numerale.	Mīlitēs eius nivem pedēs sex altam discussērunt: „Seine Soldaten schaufelten den sechs Fuß hohen Schnee beiseite."
(4) Ein **Gliedsatz** besteht aus dem Einfügungswort, einer finiten Verbform im vorgeschriebenen Modus (Indikativ oder Konjunktiv) und im geregelten Tempus (vorzeitig oder nicht vorzeitig) sowie anderen üblichen Satzgliedern (Subj., Ergänzungen, adv. Best.).	Tanta vīs probitātis est, ut (Einfügungswort) eam (Akk.-Erg.) in hoste etiam (Adv. Best.) dīligāmus (Konj. Präs.: nicht vorzeitig): „So groß ist die Kraft der Rechtschaffenheit, daß wir sie auch beim Feinde hochschätzen."
(5) Eine **satzwertige Infinitiv-Konstruktion** besteht aus einem Subjekt im Nominativ (NcI) oder Akkusativ (AcI), der Infinitivform eines Verbs sowie anderen üblichen Satzteilen, d. h. Ergänzungen und adv. Best.	Cicerōnem (Subj.-Akk.) rem pūblicam (Akk.-Erg.) saepe (Adv. Best. der Zeit) cōnservāvisse (Inf.) cōnstat (übergeordneter Satz): „Es steht fest, daß C. oft den Staat gerettet hat."

	Cicerō (Subj.-Nom.) rem pūblicam saepe cōnservāvisse fertur: „C. soll den Staat oft gerettet haben."
(6) Die **finite Verbform** besteht aus dem Verbstamm sowie zwei Formelementen, dem Tempus- und Moduszeichen (Infix) und der Personalendung (Suffix).	dīlig-ā-mus: dīlig- „schätzen, lieben" -ā- Konjunktiv Präsens -mus 1. Person Plural Aktiv
(7) Eine **adverbiale Bestimmung** kann durch einen nominalen Ausdruck (mit oder ohne Präposition), durch einen Gliedsatz oder durch die Abl.-abs.-Konstruktion ausgeführt werden.	Fīlius contrā voluntātem patris (quamquam pater nōlēbat – patre invītō discessit: „Der Sohn verreiste gegen den Willen des Vaters."
(8) Die **Abl.-abs.-Konstruktion** besteht aus dem die Subjektstelle vertretenden Ablativ eines Nomens, der Partizipform eines Verbs im Ablativ sowie anderen üblichen Satzteilen, d. h. Ergänzungen und adv. Best. Statt der Partizipform kann auch eine andere Nominalform im Abl. stehen.	Caesar paucīs dēfendentibus oppidum expūgnāre nōn potuit: „Trotz der wenigen Verteidiger konnte Caesar die Stadt nicht einnehmen." Hannibale vīvō: „zu Lebzeiten Hannibals"
(9) Die Einbettung eines Satzinhalts in einen übergeordneten Satz kann auch durch das **verbundene Partizip (part. coni.)** vorgenommen werden, das sich durch Übereinstimmung in Kasus, Numerus und Genus (Kongruenz) an ein Satzglied anschließt.	Cicerō domum rediit. Tum epistula ei reddita est. → Cicerōnī domum redeuntī epistula reddita est: „Als C. nach Hause kam, wurde ihm ein Brief übergeben."
(10) Das **Prädikat** kann aus einer finiten Verbform bestehen, deren Bedeutung bestimmte Ergänzungen erwarten läßt, oder aus einer Verbindung von Kopula (Hilfsverb) und Prädikatsnomen (nominales ⟷ verbales Präd.)	Tarquīnius diū rēgnāvit ⟷ Tarquīnius diū rēx fuit: „T. hat lange geherrscht (war lange König)." afficere, iō fēcī, fectum „versehen mit etw." erfordert Erg. im Akk. und Abl.: Caesar amīcōs suōs multīs beneficiīs affēcit: „C. ließ seinen Freunden viele Geschenke zukommen."

(11) Sätze können im **Aktiv** oder **Passiv** stehen. Im Passivsatz erscheint die Akk.-Ergänzung des aktivischen Satzes an der Subjektstelle, während die Täterangabe im Abl. m. Präp. ā/ab beibehalten werden oder auch wegfallen kann.	Iūdices reum capitis damnāvērunt. Reus (ab iūdicibus) capitis damnātus est. „Der Angeklagte wurde von den Richtern zum Tode verurteilt."
(12) Alle nominalen Satzglieder können durch **Attribute** erweitert werden. Diese können in Nominalformen auftreten, die mit dem Beziehungswort in Kasus, Numerus und Genus kongruent sind, in einem anderen Kasus (z. B. Gen.) stehen oder als Nebensatz (Attributsatz) erscheinen.	Alexander, rēx (kongruent) Macedōnum (Gen.-Attr.), quī patrem virtūte praecēdēbat (Attr.-Satz), summam (kongruent) glōriam nactus est: „Alexander, der Makedonenkönig, der seinen Vater an Tüchtigkeit übertraf, hat höchsten Ruhm geerntet."

Das Satzgefüge

Die Begriffe ‚Haupt- und Nebensatz'

‚Nebensätze' haben ihren Namen aufgrund der Tatsache, daß sie nicht für sich allein stehen können, sondern einem anderen Satz, dem ‚Hauptsatz', untergeordnet sind. Der ‚Hauptsatz' verdankt seinen Namen nur der formalen Überordnung. Er enthält aber nicht unbedingt die ‚Hauptsache' der Information, die in dem Satzgefüge mitgeteilt werden soll:

Accidit, ut esset lūna plēna.	Zufällig war Vollmond.

Durch die Konjunktion ‚ut' und die Verbform (Konjunktiv Imperfekt), die eine innere Beziehung zu einem anderen Ausdruck signalisiert, erweist sich die Wortgruppe hinter dem Komma als ‚Nebensatz'. Ohne ihn aber wäre der ‚Hauptsatz' auch nicht existenzfähig, weil ihm der ‚Satzgegenstand', das Subjekt, fehlen würde. Etwas umfangreicher ist der übergeordnete Satz in diesem Fall:

Philosophī inventī sunt, quī summum malum dolōrem dīcerent.	Es fanden sich Philosophen, die den körperlichen Schmerz für das schlimmste Übel hielten.

Aber auch hier steht die ‚Hauptsache' im ‚Nebensatz'. Wer sie vorgebracht hat, ist weniger interessant als der Inhalt der Lehrmeinung. ‚Hauptsatz' und ‚Nebensatz' sind aufeinander angewiesen, sie bilden ein ‚Satzgefüge'.

Viele ‚Nebensätze' dienen dazu, den ‚Hauptsatz' oder einen seiner Teile irgendwie zu erläutern. Wenn aber – wie in den obigen Beispielen – der übergeordnete Satz durch den ‚Nebensatz' überhaupt erst einen Inhalt bekommt, dann bezeichnet man einen solchen ‚Nebensatz' als ‚Erläuterungssatz' (Explikativsatz). Eine solche Erläuterungsfunktion können alle möglichen Arten von Nebensätzen erfüllen, z. B. die ut-Sätze nach Ausdrücken des Geschehens, manche Relativsätze, wie wir gesehen haben, aber auch Sätze mit ‚quod':

Quod mihi scrībis tē valēre, valdē gaudeō.	Daß du mir schreibst, dir gehe es gut, freut mich sehr.

oder solche mit ‚cum‘:

Bene facitis, cum venītis. Ihr tut gut daran, daß ihr kommt.

Die Frage, ob in einem Satzgefüge der Nebensatz eine solche Erläuterungsfunktion hat, d. h. ein ‚Explikativsatz‘ ist, kann unter Umständen eine Verständnishilfe sein.

Übung 37:

In welchen der folgenden Beispiele handelt es sich bei dem Nebensatz um einen Explikativsatz?

Übersetze die Beispiele!

1. Quae cum ita essent, itinere dēstitit.
2. Haud procul āfuit, quīn violārētur.
3. Fīlius studēbat, ut mox domum redīret.
4. Socratēs tantā erat sapientiā, ut dēcipī nōn posset.
5. Fit, ut spernant discipulī magistrōs.
6. Sī tē mentīrī dīcis vērumque dīcis, mentīris.
7. Non is sum, quī metuam.

Vokabeln:

dēcipere, iō, cēpī, ceptum	täuschen
dēsistere, stitī	aufhören, ablassen
discipulus, ī m	Schüler
haud	nicht (Wortverneinung) (vgl. nōn 22 Satzverneinung)
magister, strī m	Meister, Lehrer
mentīrī, tus sum	lügen
metuere, uī	fürchten
mox	bald
procul b. Akk.	fern von; Adv. fern, von fern her, in die Ferne
haud procul abest	es fehlt nicht viel
sapientia, ae f (sapiēns 83)	Einsicht, Weisheit
spernere, sprēvī, sprētum	verschmähen, ablehnen
studēre, uī	sich bemühen, streben
tantus (a, um)	so groß, so viel
(quantus (a, um)	wie groß, so groß wie)
violāre, vī, tum	verletzen

Die Nebensätze als Satzglied

Die Frage nach dem fehlenden Inhalt des Hauptsatzes ist zu trennen von der Frage, welches fehlende Satzglied der Nebensatz darstellt.

In dem folgenden Satz steht ein Substantiv an der Subjekt-Stelle:

> Cīvitās sociīs data est.
>
> Das Bürgerrecht wurde den Bundesgenossen verliehen.

Das Substantiv läßt sich leicht durch einen Gliedsatz ersetzen:

> Sociīs datum est, ut cīvēs Rōmānī fierent.
>
> Es wurde den Bundesgenossen gewährt, römische Bürger zu werden.

Im folgenden Beispiel tritt ein Gliedsatz an die Stelle des Objekts:

> Caesar lēgātīs convocātīs cōnsilium suum explicāvit.
>
> Caesar setzte den versammelten Kommandeuren seinen Plan auseinander.

> Caesar lēgātīs convocātīs, quid suī cōnsiliī esset, explicāvit.
>
> Caesar setzte den versammelten Kommandeuren auseinander, was er für einen Plan habe.

Ein Gliedsatz kann auch an der Stelle einer adverbialen Bestimmung den nominalen Ausdruck ersetzen:

> Helvētiī propter ferē cottīdiāna proelia cum Germanīs fortissimī putābantur.
>
> Die Helvetier galten wegen ihrer fast täglichen Kämpfe mit den Germanen als sehr tapfer.

> Helvētiī fortissimī putābantur, quod ferē cottīdiānīs proeliīs cum Germanīs contenderent.
>
> Die Helvetier galten als sehr tapfer, weil sie in fast täglichen Gefechten mit den Germanen kämpften.

Schließlich kann auch ein nominales Attribut durch einen Nebensatz ausgetauscht werden:

> Helvētiī proximī sunt Germānīs trāns Rhēnum flūmen incolentibus.
>
> Die Helvetier sind Nachbarn der jenseits des Rheins wohnenden Germanen.

> Helvētiī proximī sunt Germānīs, quī trans Rhēnum flūmen incolunt.
>
> Die Helvetier sind Nachbarn der Germanen, die jenseits des Rheins wohnen.

Man sieht, daß der Nebensatz im Falle des Subjekts und Objekts nicht weggelassen werden kann. Was übrig bleibt, ergibt keinen sinnvollen Satz. In der Wortfolge ‚sociīs datum est' bliebe offen, wovon eigentlich die Rede ist. Bei dem Ausdruck ‚Caesar lēgātīs explicāvit' wird die von den Worten aufgeworfene Frage, was Caesar seinen Offizieren auseinandersetzt, nicht beantwortet. Anders liegt der Fall bei der adverbialen Bestimmung und beim Attribut. Auch ohne Angabe des Grundes würde die Wortfolge ‚Helvētiī fortissimī putābantur' (Die H. galten als sehr tapfer) einen sinnvollen Satz ergeben. Und auch der nächste Satz würde nach Abtrennung des Attributs eine sinnvolle Aussage enthalten:

Helvētiī proximī sunt Germānīs.	Die Helvetier sind Nachbarn der Germanen.

Wichtig für das Verständnis eines Satzgefüges ist also auch die Frage, welche Funktion als Satzglied ein Nebensatz in dem Gefüge erfüllt.

Übung 38:

Bestimme in den folgenden Beispielen die Funktion, welche die Nebensätze als Satzglied in dem betreffenden Gefüge erfüllen, und übersetze die Beispiele!

1. Prīmum iūstitiae mūnus est, ut nē cui quis noceat.
2. Vercingetorīx cīvitātī persuāsit, ut dē fīnibus suīs exīrent.
3. Caesar cum hoc audīvisset, ab urbe profectus est.
4. Egō quicquid est in mē studiī, cōnsiliī, labōris, quicquid auctōritāte, fidē, cōnstantiā possum, id omne populō Rōmānō polliceor.
5. Quī tacet, cōnsentīre vidētur.
6. Atticus sīc Graecē loquēbātur, ut Athēnīs nātus esse viderētur.
7. Eādem nocte accidit, ut esset lūna plēna.

Vokabeln:

aliquis (aliquid)	irgendwer, irgendwas
nach sī, nisī, nē, num: quis (quid)	(irgend)wer, (irgend)was
in verneinten Sätzen und rhetorischen Fragen: quisquam (quicquam)	(überhaupt) jemand, (– etwas) (83)

in adjektivischer Stellung:	
aliquī (aliqua(e), aliquod)	irgendein (-eine, -ein)
in verneinten Sätzen und rhetorischen Fragen: ūllus (a, um)	(überhaupt) ein (-eine, -ein)
cōnsentīre, sēnsī, sēnsum	übereinstimmen, einer Meinung sein
(⟷ dissentīre	nicht übereinstimmen)
cōnstantia, ae f	Beständigkeit, Standhaftigkeit
fidēs, fideī f	Treue, Glaubwürdigkeit, Vertrauen
iūstitia, ae f (iūstus 52)	Gerechtigkeit
lūna, ae f	Mond
mūnus, mūneris n	Amt, Aufgabe; Geschenk
nocēre, uī, itum	schaden
plēnus (a, um)	voll
pollicērī, pollicitus sum	versprechen
prīmus (a, um)	erster, vorderster, wichtigster
sīc Adv.	so
tacēre, uī, itum	schweigen, etw. verschweigen

Abhängige Begehrungs- und Fragesätze

Nach der Sprechabsicht dessen, der sie äußert, teilt man die Hauptsätze folgendermaßen ein:

1. Behauptungssatz: Ein Sachverhalt wird als wirklich hingestellt:

Iūdicēs reum damnāvērunt.	Die Richter haben den Angeklagten verurteilt.

Er kann auch als möglich hingestellt werden:

Rīserit aliquis fortāsse hoc praeceptum . . .	Es mag vielleicht jemand diese Vorschrift bespötteln . . .

Auch kann eine Behauptung über einen Sachverhalt gemacht werden, den der Sprecher ausdrücklich für nichtwirklich erklärt:

Nōn quemvīs hoc interrogārem; responderet enim alius fortāsse minus sapienter.	Ich würde nicht jeden beliebigen hiernach fragen; ein anderer könnte nämlich vielleicht weniger vernünftig antworten.

Grammatisch gesprochen: Der Behauptungssatz kann den Charakter des Realis (Indikativ), des Potentialis (Konj. Präs. o. Perf.) oder des Irrealis (Konj. Imperf. o. Plqpf.) haben.

2. **Begehrungssatz:** Ein Sachverhalt soll verwirklicht werden oder hätte verwirklicht werden sollen:

Velim mihi īgnōscās!	Bitte verzeih mir!
Utinam nē id dīxissēs!	Hättest du das doch nicht gesagt!

Auch hier gibt es also den Fall des Irrealis. Denn der Wunsch, daß der Angesprochene eine bestimmte Äußerung nicht getan haben soll, kann nicht erfüllt werden. Was geschehen ist, ist geschehen.

3. **Fragesatz:** Der Sprecher tut kund, daß er über einen Sachverhalt etwas in Erfahrung bringen möchte. Als Hauptsatz schließt der Fragesatz die Aufforderung an den Gesprächspartner ein, Auskunft zu geben:

Quis vestrum mihi comitārī vult?	Wer von euch möchte sich mir anschließen?

Während hier nach bestimmten Personen gefragt wird, die z. B. durch Namensnennung antworten können (Wortfrage), wird in anderen Fällen zu einer Entscheidung zwischen ‚Ja' oder ‚Nein' aufgefordert (Satzfrage):

Meministīne mē hoc in senātu dīxisse?	Erinnerst du dich nicht, daß ich das im Senat gesagt habe?

Oft aber will der Sprecher gar keine Antwort auf seine Frage, sondern Zustimmung zu einer vorgetragenen Meinung haben, d. h., er kleidet eine Behauptung in die Form der Frage (rhetorische Frage). So will z. B. Cicero mit folgenden Worten die Senatoren davon überzeugen, daß es mit der Duldung von Catilinas Treiben nicht mehr so weitergehen kann:

In quā urbe vīvimus? Quam rem pūblicam habēmus?	In was für einer Stadt leben wir eigentlich? Was für einen Staat haben wir bloß?

Hier ist also das für die Bitte um Auskunft vorgesehene Satzmodell einer anderen Sprechabsicht untergeordnet worden.

Wenn diese Satzarten nun von einem übergeordneten Satz abhängig gemacht werden, kommt es nicht in jedem Fall zur Bildung von Nebensätzen:

Aliquis contendit iūdicēs reum damnāvisse.	Jemand behauptet, daß die Richter den Angeklagten verurteilt haben.

Die Behauptung, die hier einem ‚aliquis' in den Mund gelegt wird, steht nun im AcI. Aus dem Wunsch aber wird ein abhängiger Begehrungssatz:

Amīcus ā mē petīvit, ut sibi īgnōscerem.	Mein Freund hat mich gebeten, ihm zu verzeihen.

Grammatisch zeigt dieser Nebensatz das Einleitungswort ‚ut', den Konjunktiv nach den Regeln der ‚consecutio temporum' (vgl. oben S. 88 ff.) und die Verwendung des Reflexivpronomens beim Hinweis auf das übergeordnete Subjekt (amīcus). Nach den gleichen Regeln wird der abhängige Fragesatz gebildet:

Catilīna ā cōnsciīs coniūrātiōnis quaesīvit, quis eōrum sibi comitārī vellet.	Catilina stellte den Mitwissern der Verschwörung die Frage, wer von ihnen sich ihm anschließen wolle.

Das Fragepronomen ‚quis' leitet den Nebensatz ein. Die Beziehung zum übergeordneten Subjekt (Catilīna) wird durch das Reflexivpronomen signalisiert (sibi), während für die Angesprochenen (vestrum) das Personalpronomen der 3. Person ‚is, ea, id' eintritt.

Ähnlich ist es in der Satzfrage:

Cicerō ex amīcō quaesīvit, meminissetne sē hoc in senātū dīxisse.	Cicero fragte seinen Freund, ob er sich nicht erinnere, daß er das im Senat gesagt habe.

Da meminī ein Perfekt mit Präsensbedeutung ist („ich erinnere mich"), wird in Entsprechung zum Imperf. Konj. – ihn fordert die Regel der ‚consecutio temporum' – der Konj. Plqpf. gesetzt.

Die einer anderen Sprechabsicht dienende rhetorische Frage wird allerdings in die Form gebracht, die für die abhängige Behauptung vorgesehen ist, nämlich in den AcI:

Cicerō in ōrātiōne in Catilīnam habitā interrogāvit in quā urbe sē vīvere, quam rem pūblicam habēre.	Cicero stellte in der Rede, die er gegen Catilina hielt, die Frage, in was für einer Stadt sie denn eigentlich lebten, was für einen Staat sie bloß hätten.

Behauptungs-, Begehrungs- und Fragesätze in abhängiger Form:	
(1) Behauptung	AcI – Reflexivpronomen tritt für übergeordnetes Subjekt ein
(2) Begehren	Einleitung durch ‚ut/nē' – Konjunktiv nach der Regel der ‚cons. temp.' – Reflexivpronomen tritt für übergeordnetes Subjekt ein – Verben des Wünschens, Forderns, Fürchtens oder Hinderns als vorausgehende Sinnweiser im Hauptsatz
(3) Frage	Einleitung durch Fragepronomina und Fragepartikeln – Konjunktiv nach der Regel der ‚cons. temp.' – Reflexivpronomen tritt für übergeordnetes Subjekt ein – Verben des Wissens, Wissenwollens oder Wissenlassen als vorausgehende Sinnweiser im Hauptsatz

Übung 39:

Was für Nebensätze enthält der folgende Text?

Übersetze den Text!

Hannibal, Hamilcaris fīlius, novem annōs nātus, ā patre adductus est, ut
2 odium in Rōmānōs aeternum iūrāret. Postquam pater mortuus est, Hanni-
bal imperium eius accēpit et causam bellī quaesīvit. Incrēdibile dictū est,
4 quam brevī tempore Saguntum, oppidum Rōmānīs foederātum, expūgnā-
verit et ēverterit. Nōn multō post, quam ex Hispāniā dēcesserat, per Alpēs
6 in Itāliam trāiēcit, quam in annōs percurrit et vāstāvit.

(Nach Aurelius Victor, De viris ill. 42, 1/2)

Erläuterungen:

dictū	Supinum II von dīcere (vgl. S. 85 ff.)
foederātus (a, um) (foedus 46)	verbündet
multō post	viel später

Vokabeln:

in annōs (annus 29)	jahrelang
2 brevis (e), is	kurz
incrēdibilis (e), is	unglaublich
4 percurrere, (cu)currī, cursum	durcheilen
postquam	nachdem
6 vāstāre, vī, tum	verwüsten

Übung 40:

Wo enthält die indirekte Rede eine rhetorische Frage?

Im 2. Punischen Krieg (211 vor Chr.) sind die Kassen des römischen Staates leer. Deshalb beantragen die Konsuln, daß die Marine aus dem Privatvermögen der Bürger finanziert werden soll:

Cōnsulēs suāsērunt, ut cīvibus onus impōnerētur. Nam unde, cum pecūnia in aerāriō nōn esset, sē nāvēs armātūrōs esse, quōmodō autem sine classibus aut Siciliam obtinērī aut tūta Itāliae lītora esse.

(Nach: Livius XXVI 35, 10)

Vokabeln:

(aerārium, iī n	Staatskasse)
armāre, vī, tum (arma 79)	bewaffnen, ausrüsten
aut . . . aut (aut 10)	entweder . . . oder
classis, is f	Abteilung; Flotte
impōnere, posuī, positum	einsetzen, auferlegen
lītus, oris n	Küste, Strand
obtinēre, uī, tentum	besetzt halten, in Besitz haben
onus, oneris n	Last, Bürde
suādēre, suāsī, suāsum	raten, empfehlen
tūtus (a, um); Adv. tūtō	geschützt, sicher

Adverbialsätze

Im Gegensatz zu den abhängigen Begehrungs- und Fragesätzen lassen sich die Adverbialsätze abtrennen, ohne daß dem Hauptsatz ein wesentliches Satzglied fehlt. Von dem Satzgefüge:

Postquam tuās litterās lēgī, māgnō dolōre affectus sum.	Nachdem ich deinen Brief gelesen hatte, hat mich großer Schmerz ergriffen.

bliebe nach der Abtrennung des temporalen Nebensatzes ein vollständiger, in sich sinnvoller Satz übrig:

Māgnō dolōre affectus sum.	Großer Schmerz hat mich ergriffen.

Natürlich würde der Hauptsatz allein nicht der Absicht des Sprechers entsprechen, der offenbar mitteilen will, daß der Inhalt des Briefes ihn mit Schmerz erfüllt hat. Vom Satzbau her aber ist der Nebensatz entbehrlich.

Außer einer Zeitbestimmung können Adverbialsätze auch andere Umstände der Hauptsatzhandlung angeben, z. B. eine Begründung (Kausalsatz):

Helvētiī reliquōs Gallōs virtūte praecēdunt, quod ferē cottīdiānīs proeliīs cum Germānīs contendunt.	Die Helvetier übertreffen die übrigen Gallier an Tapferkeit, weil sie in fast täglichen Gefechten mit den Germanen kämpfen.

Manchmal wird auch ein Gegengrund angegeben, der eigentlich der Haupthandlung widerspricht, ohne sie doch verhindern zu können:

Mīlitēs nostrī quamquam perīculōsō genere proeliī locōque inīquō premēbantur, tamen omnia fortissimō sustinēbant animō. (BG VIII 42, 3)	Obwohl unsere Soldaten durch die gefährliche Kampfesweise und das ungünstige Gelände in Bedrängnis gerieten, nahmen sie alles mit sehr tapferem Mut auf sich.

Der Sprecher räumt etwas ein, bevor es ein anderer als Einwand bringen kann („Aber es war doch sehr schwierig für die Leute . . .!"). Hier liegt ein Konzessivsatz vor.

In einem Bedingungssatz (Konditionalsatz) wird eine Voraussetzung oder Hypothese formuliert, aus der im Hauptsatz eine Folgerung gezogen wird, z. B.:

Sī āmittī vīta beāta potest, beāta esse nōn potest.	Wenn man ein glückliches Leben verlieren kann, dann kann es auch nicht glücklich sein.

Im Konsekutivsatz wird umgekehrt die Folge angegeben, die sich aus einer im Hauptsatz mitgeteilten Handlung oder Tatsache ergibt:

Atticus sīc Graecē loquēbātur, ut Athēnīs nātus esse vidērētur.	Atticus sprach so (gut) Griechisch, daß er in Athen geboren zu sein schien.

Insgesamt lassen sich die folgenden Adverbialsätze unterscheiden:

(1) Temporal (Zeit)	Caesar, cum prīmum per annī tempus potuit, ad exercitum contendit.	Caesar eilte, sowie es ihm aufgrund der Jahreszeit möglich war, zum Heer.
(2) Kausal (Grund)	Caesar lēgātōs Germānōrum, quod in Ītāliam properābat, posteā ad sē revertī iussit.	Weil er schnell nach Italien aufbrechen wollte, befahl Caesar den Unterhändlern der Germanen, später wiederzukommen.
(3) Konzessiv (Gegengrund)	Ut dēsint vīrēs, tamen est laudanda voluntās.	Wenn auch die Kräfte fehlen, so ist doch der Wille lobenswert.
(4) Adversativ (Gegensatz)	Ā Caesare nēmō ad Pompēium trānsiit, cum paene cottīdiē ā Pompēiō mīlitēs ad Caesarem trānsfugerent.	Von Caesar lief niemand zu Pompeius über, während fast täglich Soldaten von Pompeius zu Caesar wechselten.

(5) **Konditional (Bedingung)**	Omnis aequitās perturbātur, sī verbīs lēgum ac nōn sententiīs pārētur.	Alle Gerechtigkeit gerät durcheinander, wenn dem Wortlaut und nicht dem Sinn der Gesetze gehorcht wird.
(6) **Komparativ (Vergleich)**	Ōrdō agminis aliter sē habēbat, ac explōrātōrēs dētulerant.	Die Marschordnung sah anders aus, als die Kundschafter gemeldet hatten.
(7) **Konsekutiv (Folge)**	Hannibal odium ergā Rōmānōs sīc cōnservāvit, ut numquam id dēposuerit.	Hannibal bewahrte den Haß gegen die Römer so sehr, daß er ihn nie ablegte.
(8) **Final (Zweck)**	Lēgibus idcircō servīmus, ut līberī esse possimus.	Den Gesetzen sind wir deshalb untertan, damit wir frei sein können.

Man sieht an einigen Beispielen, daß bei Abtrennung des Adverbialsatzes auch derjenige Hinweis im Hauptsatz wegfallen müßte, welcher den Nebensatz ankündigt, also das ‚tamen' beim konzessiven, das ‚sīc' beim konsekutiven, das ‚idcircō' beim finalen Satzgefüge. Diese Adverbien sind in ähnlicher Weise ‚Sinnweiser' wie die Verben des Wünschens, Forderns usw. im Hauptsatz bei den abhängigen Begehrungssätzen und die Verben des Wissens, Wissenlassens usw. bei den abhängigen Fragesätzen.

Übung 41:

Bestimme die Art der Nebensätze in den folgenden Satzgefügen! Wo gibt es im Hauptsatz ‚Sinnweiser' auf den Nebensatz?

Übersetze die Beispiele!

1. Cōnsul cīvēs admonuit, ut lībertātem dēfenderent.
2. Sī tacuissēs, philosophus mānsissēs.
3. Cum iam merīdiēs appropinquāre vidērētur, domum revertit.
4. Fac, ut sciam, quid dē nōbīs futūrum sit.
5. Incipit rēs melius īre, quam putāveram.
6. Socratēs tantā erat sapientiā, ut dēcipī nōn posset.

7. Cum vīta sine amīcīs īnsidiārum plēna sit, ratiō ipsa monet, ut amīcitiās comparēmus.
8. Ut dēsint vīrēs, tamen est laudanda voluntās.
9. Iam tacet reus, cum anteā continenter locūtus sit.
10. Germānī omnem aciem carrīs circumdedērunt, nē qua spēs in fugā relinquerētur.

Achtung:

Bei den Verben des Fürchtens: metuere (96), timēre, uī (sich) fürchten, verērī, veritus sum scheuen, heißt nē „daß" (timeō, nē . . . ich wünsche, daß nicht . . ., befürchte aber, daß . . .).

Vokabeln:

aciēs, aciēī f	Schlachtordnung
admonēre, uī, itum	mahnen, erinnern
amīcitia, ae f (amīcus)	Freundschaft
anteā Adv. (ante 80)	vorher
(carrus, ī m	vierrädriger Wagen, Karren)
circumdare, dedī, datum	umgeben
comparāre, vī, tum	vorbereiten; beschaffen, erwerben
continenter Adv.	ununterbrochen
dēfendere, fendī, fēnsum	abwehren, verteidigen
insidiae, ārum f Pl	Falle, Hinterlist
laudāre, vī, tum	loben, preisen
manēre, mānsī, mānsūrum	1. bleiben, 2. warten auf
monēre, uī, itum	erinnern, mahnen, warnen
nē b. Konj.	daß nicht, damit nicht
nōbīs	Dat. u. Abl. von nōs wir (Pers. Pron. d. 1. Pers. Pl.)
reus, ī m	Angeklagter
spēs, speī f	Hoffnung, Erwartung

Die Mehrdeutigkeit der Konjunktionen

Im Deutschen läßt sich die Bedeutungsbeziehung zwischen Haupt- und Nebensatz meist schon am Einleitungswort ablesen:

Temporal (Zeit)	als, nachdem, bis, während, ehe, bevor, sobald, solange, wenn
Kausal (Grund)	weil, da, zumal da
Final (Zweck)	damit, daß, um zu
Konditional (Bedingung)	wenn, falls, sofern, soweit
Konzessiv (Gegengrund)	obwohl, obgleich, obschon, wenn auch

Nur das ‚wenn' taucht mehrmals auf. Die Konjunktion ‚daß' ist für den abhängigen Behauptungs- und den Begehrungssatz vorgesehen, das Wort ‚ob' für den abhängigen Fragesatz. Im Lateinischen ist es dagegen in vielen Fällen nicht möglich, vom Einleitungswort des Nebensatzes eine Auskunft über die Beziehung von Haupt- und Nebensatz zu erhalten. Besonders vielfältig ist der Gebrauch von ‚ut':

(1) Fragesatz	Disserāmus, ut rēs pūblica ex optimā pessima facta sit.	Diskutieren wir darüber, wie der Staat aus dem besten zum schlimmsten geworden ist.
(2) Komparativ (Vergleich)	Perge, ut īnstituistī.	Fahre fort, wie du angefangen hast.
(3) Temporal (Zeit)	Ut pater mortuus est, Hannibal imperium eius accēpit.	Sowie der Vater gestorben war, übernahm Hannibal den Oberbefehl.
(4) Konzessiv (Gegengrund)	Ut dēsint vīrēs, tamen est laudanda voluntās.	Wenn auch die Kräfte fehlen, ist doch der gute Wille zu loben.

(5) Final (Zweck)	Edimus, ut vīvāmus, nōn vīvimus, ut edāmus.	Wir essen, um zu leben, wir leben aber nicht, damit wir essen.
(6) Konsekutiv (Folge)	Tanta vīs probitātis est, ut eam in hoste etiam dīligāmus.	So groß ist die Kraft der Rechtschaffenheit, daß wir sie sogar beim Feind schätzen.
(7) Explikativ (Erläuterung)	Accidit, ut esset lūna plēna.	Es ergab sich, daß Vollmond war.
(8) Begehrungssatz	Cōnsul ēdīxit, ut adesset senātus frequēns.	Der Konsul ordnete an, daß der Senat möglichst vollzählig erscheinen solle.

Während in dieser Liste die verschiedenen Nebensatzarten vertreten sind, ist das gleichfalls mehrdeutige ‚cum' auf die Adverbialsätze beschränkt:

(1) Temporal (Zeit)	Cum Caesar in Galliam vēnit, alterīus factiōnis prīncipēs erant Haeduī, alterīus Sēquanī.	Als Caesar nach Gallien kam, waren die Anführer der einen Partei die Haeduer, der anderen die Sequaner.
(2) ‚cum historicum' (Erzählung)	Vercingetorīx, cum ad suōs redīsset, proditiōnis accūsātus est.	Als Vercingetorix zu seinen Leuten zurückgekehrt war, wurde er des Verrats angeklagt.
(3) Kausal (Grund)	Vīta, cum brevis sit, ratiōne est dēgenda.	Weil das Leben kurz ist, muß es sinnvoll geführt werden.
(4) Konzessiv (Gegengrund)	Socratēs, cum facile posset ēdūci ē carcere, nōluit.	Obwohl Sokrates leicht aus dem Gefängnis herausgeholt werden konnte, wollte er es nicht.
(5) Adversativ (Gegensatz)	Iam tacet reus, cum anteā continenter locūtus sit.	Jetzt schweigt der Angeklagte, während er vorher dauernd geredet hat.
(6) ‚cum iterativum' (Wiederholung)	Cum in vīllā sum, nihil agere mē dēlectat.	Jedesmal wenn ich in meinem Landhaus bin, macht es mir Spaß, nichts zu tun.

(7) Explikativ (Erläuterung)	Cum hoc dīxistī, amīcum offendistī.	Dadurch, daß du das gesagt hast, hast du deinen Freund beleidigt.
(8) ‚cum inversum' (Umkehrung von Haupt- und Nebensatz)	Diēs nōndum decem intercesserant ex morte patris, cum fīlius quoque necātur.	Es waren noch keine zehn Tage seit dem Tod des Vaters vergangen, da wird auch der Sohn erschlagen.

Die Folge dieser Vieldeutigkeit der Konjunktionen ‚ut' und ‚cum' kann für den Übersetzer nur darin bestehen, daß er die Bedeutungsbeziehung zwischen Haupt- und Nebensatz aus ihrem Inhalt feststellt und dann das mehrdeutige lateinische Einleitungswort durch das treffende eindeutige deutsche Einleitungswort ersetzt. Das ist in der Spalte der deutschen Übersetzung der Beispiele in den beiden Übersichten über den Gebrauch von ‚ut' und ‚cum' geschehen. Es wäre unsinnig, wenn man beim Übersetzen die Wörterbuchartikel für ‚ut' und ‚cum' durchlesen wollte, um die ‚richtige' deutsche Wiedergabe zu finden. Denn aus den angebotenen deutschen Entsprechungen kann man ja erst dann die in den Text passende auswählen, wenn man die Bedeutungsbeziehung, die dort zwischen Haupt- und Nebensatz vorliegt, erkannt hat.

Auch die übrigen Einleitungswörter lateinischer Nebensätze sind nicht eindeutig. So kann ‚quod' nicht nur einen Kausalsatz einleiten („weil"), sondern auch am Anfang eines Explikativsatzes stehen, der den Hauptsatzinhalt entfaltet:

Bene accidit, quod ad mē venīs.	Es trifft sich gut, daß du zu mir kommst.

Als Einleitung eines Relativsatzes muß ‚quod' wiederum anders wiedergegeben werden:

Ad flūmen pervēnērunt, quod ūnō omnīnō locō pedibus trānsīrī poterat.	Sie gelangten an einen Fluß, welchen man nur an einer einzigen Stelle zu Fuß überqueren konnte.

Oft erhalten Einleitungswörter eine andere Bedeutung dadurch, daß der Nebensatz – durch den Konjunktiv angezeigt – in eine finale Beziehung zum Hauptsatz tritt. Vergleiche:

Dum spīrō, spērō.	Solange ich atme, hoffe ich.
Cornēlia eam trāxit sermōne, dum ē scholā redīrent līberī.	Cornelia hielt sie im Gespräch fest, damit unterdessen die Kinder aus der Schule heimkommen sollten.

Auch Relativsätze können diesen finalen Sinn bekommen, wenn sie in den Konjunktiv gesetzt werden:

Saguntīnī lēgātōs Rōmam mīsērunt, quī auxilium contrā Hannibalem peterent.	Die Bürger von Sagunt schickten Gesandte nach Rom, welche Hilfe gegen Hannibal erbitten sollten.

In der Übersetzung ist diese Bedeutungsbeziehung nicht bei der Wiedergabe des Einleitungswortes, sondern bei der deutschen Entsprechung für den Konjunktiv berücksichtigt worden. Ein Modalverb („sollten") gibt den lateinischen Modus wieder.

Übung 42:

Beschreibe das Bedeutungsverhältnis zwischen Haupt- und Nebensatz und übersetze die Beispiele entsprechend!

1. Quod castra mōvī, factum est inopiā pābulī.
2. Hannibal iam subībat mūrōs, cum repente in eum ērumpunt Rōmānī.
3. Eā condiciōne nātī sumus, ut nihil, quod hominī accidere possit, recūsāre dēbeāmus.
4. Labiēnus, ut incolumem exercitum in castra redūceret, cōgitābat.
5. Populārēs Cicerōnem accūsāvērunt, quod Catilīnāriōs contrā lēgem interfēcisset.
6. Cum prōdigia nūntiāta erant, decemvirī librōs Sibyllīnōs adībant.
7. Explicāvī sententiam meam, ut tuum iūdicium cōgnōscerem.
8. Caesar mīlitēs castrīs continuit, dum auxilia venīrent.
9. Stultī dum vītant vitia, in contrāria currunt.
10. Helvētiī noctū, sī perrumpere possent, cōnātī sunt.

Vokabeln:

auxilia, ōrum n Pl (auxilium 25)	Hilfstruppen
(Catilīnārius, ī m	Anhänger des Catilina)
cōnārī, tus sum	versuchen
condiciō, ōnis	Verabredung, Bedingung, Lage
contrā b. Akk.	gegen; Adv. gegenüber
contrārius (a, um)	gegenüberliegend, (dem Feinde zugewandt)

currere, cucurrī, cursum	laufen, eilen (percurrere 39)
(decemvirī, ōrum m Pl	Zehnmännerkollegium)
ērumpere, rūpī, ruptum	ausbrechen
incolumis (e), is	unverletzt, unversehrt
liber, brī m	Buch
(Sibyllīnī librī	die sibyllinischen Bücher: sie enthielten Weissagungen und Prophezeiungen)
noctū Adv. (nox 19)	bei Nacht
nūntiāre, vī, tum	melden, verkünden
perrumpere, rūpī, ruptum	durchbrechen
populāris (e) is	volkstümlich, volksfreundlich; Pl Volkspartei (populus 9)
prōdigium, iī n	Vorzeichen, Wunder
recūsāre, vī, tum	ablehnen, zurückweisen
redūcere, dūxī, ductum	zurückführen, zurückziehen
repente Adv.	plötzlich, unerwartet
rumpere, rūpī, ruptum	etw. zerbrechen, zerreißen
sententia, ae f	Meinung, Ansicht, Sinnspruch
subīre, eō, iī, itum	darunter gehen, nahe herangehen
tuus (a, um) ⟷ meus (a, um) mein	dein
vitium, iī n	Fehler, Untugend, Schaden

Die Relativsätze

Der meist durch Relativpronomina, manchmal durch Relativadverbien eingeleitete Relativsatz kann verschiedene Satzglieder vertreten. Er kann die Subjekt-Stelle einnehmen:

Bis dat, quī citō dat. — Doppelt gibt, wer schnell gibt.

Man findet ihn auch in der Position der Akkusativ-Ergänzung:

Dēlēgistī, quōs Rōmae relinquerēs, quōs tēcum ēdūcerēs. (Cicero, Catil. I 9) — Du hast dir schon die Leute ausgesucht, die du in Rom lassen, die du mit dir hinausnehmen möchtest.

Der Relativsatz tritt auch in der Funktion eines Dativ-Objekts auf:

Xerxēs praemium prōposuit, quī invēnisset novam voluptātem. (Cicero, Tusc. disp. V 20) — Xerxes setzte (für den) eine Belohnung aus, der einen neuen Genuß erfinden würde.

Im folgenden Beispiel nimmt der Relativsatz die Stelle des Attributs ein:

Hostēs, quī fugiunt, nōn sunt timendī.

Feinde, welche fliehen, muß man nicht fürchten.

Schließlich kann durch den Relativsatz eine adverbiale Bestimmung gegeben werden:

Saguntīnī lēgātōs Rōmam mīsērunt, quī auxilium contrā Hannibalem peterent.

Die Saguntiner schickten Gesandte nach Rom, um Hilfe gegen Hannibal zu erbitten.

Der Relativsatz kann auch als Explikativsatz auftreten, der dem Hauptsatz einen Inhalt gibt:

Sunt, quī cēnseant ūnā animum cum corpore occidere.

Es gibt Leute, welche die Meinung vertreten, der Geist gehe zusammen mit dem Leib zugrunde.

Das Relativpronomen richtet sich im Numerus und Genus nach seinem Beziehungswort im Hauptsatz, während der Kasus seine Funktion als Satzglied des Nebensatzes angibt:

Singular m — Dativ-Ergänzung

Scipiō, cui senātus tōtam rem pūblicam commīserat, Hannibalem vīcit.
(Scipio, dem der Senat den ganzen Staat anvertraut hatte, besiegte Hannibal.)

Das Beziehungswort braucht im Hauptsatz nicht eigens genannt zu werden:

Dēlēgistī (eōs), quōs Rōmae relinquerēs . . .

Du hast dir schon die Leute ausgesucht, die du in Rom lassen willst . . .

Das Beziehungswort kann auch erst im Relativsatz genannt sein:

Santonēs nōn longē ā Tolōsātium fīnibus absunt, quae cīvitās est in prōvinciā.

Die Santonen wohnen nicht weit vom Gebiet der Tolosatier, welche Gemeinde in der Provinz liegt.

Von diesem Beispiel aus ist der sogenannte ‚relativische Anschluß' zu erklären, bei dem mit Hilfe eines Relativpronomens ein Hauptsatz eingeleitet wird:

Quae cīvitās est in prōvinviā.

Das ist eine Gemeinde in der Provinz.

Rōmānī hostēs proeliō lacessere coepērunt. Quōrum prōgredī ausus est nēmō.

Die Römer begannen, die Feinde zum Kampf zu reizen. Von denen aber wagte niemand hervorzutreten.

Im Deutschen tritt ein Demonstrativpronomen an die Stelle des Relativums.

Auf einen ‚relativischen Anschluß‘ läßt sich auch die Erscheinung der ‚relativischen Verschränkung‘ zurückführen. Hierbei wird ein ganzes Satzgefüge mit Hilfe eines Relativpronomens von einem anderen Satz abhängig gemacht:

Placuit lēgātōs Saguntum mittī, quibus sī dīgna vidērētur causa, inde Carthāginem īrent.

Man beschloß, Gesandte nach Sagunt zu schicken, die, wenn ihnen die Sache wichtig scheine, von dort nach Karthago gehen sollten.

Mit dem Relativpronomen wird das konditionale Satzgefüge angeschlossen. Doch erhält das Relativpronomen die Form, die es als Ergänzung zu ‚vidērētur‘ haben muß (Dativ: „wenn es ihnen wichtig schiene“), nicht den Nominativ, den es als Subjekt zu ‚īrent‘ braucht. Man kann nun die Verschränkung auflösen, wenn man mit ‚quibus‘ einen neuen Satz beginnt und das Wort mit einem Demonstrativum wiedergibt:

Placuit lēgātōs Saguntum mittī.

Man beschloß, Gesandte nach Sagunt zu schicken.

Quibus sī dīgna vidērētur causa, inde Carthāginem īrent.

Wenn diesen die Sache wichtig schiene, sollten sie von dort nach Karthago reisen.

Der Konjunktiv im Relativsatz signalisiert eine ‚innerliche Abhängigkeit‘ vom übergeordneten Satz, sagt jedoch noch nicht, worin diese besteht. Die Art dieser Abhängigkeit ist nur aus dem Inhalt von Haupt- und Nebensatz festzustellen:

Saguntīnī lēgātōs Rōmam mīsērunt, quī auxilium contrā Hannibalem peterent.

Die Bürger von Sagunt schickten Gesandte nach Rom, um Hilfe gegen Hannibal zu erbitten.

Aus der Bedeutungsbeziehung von Haupt- und Nebensatz geht hervor, daß der Relativsatz eine Zweckbestimmung (final) enthält. Anders ist das Verhältnis im folgenden Beispiel:

Cicerōnem, quī ad multam noctem vigilāsset, artior somnus complexus est.

Cicero, der bis tief in die Nacht wach geblieben war, umfing ein tieferer Schlaf (als sonst).

Hier ist offenbar das lange Wachbleiben ein Grund für den tiefen Schlaf. Es liegt also ein kausales Verhältnis vor. Wieder anders scheint es in diesem Satzgefüge zu sein:

Hannibal, quī tot mīlitēs in Alpibus trānsgrediendīs perdidisset, tamen Rōmānīs statim bellum intulit.

Hannibal begann, obwohl er so viele Soldaten beim Alpenübergang verloren hatte, trotzdem sogleich den Krieg mit den Römern.

Der ‚Sinnweiser‘ im Hauptsatz (tamen) deutet schon darauf hin, daß es sich hier um ein konzessives Verhältnis zwischen Haupt- und Nebensatz handelt.

So vielfältig wie der Gebrauch des Relativsatzes sind auch die Formen, in denen er auftreten kann. So kann statt eines Relativpronomens auch ein Relativadverb als Einleitungswort stehen:

Ubīcumque nunc latet et quōque sē verterit, eum reperiēmus.	Wo er sich jetzt auch verborgen hält, wohin auch immer er sich gewendet haben mag, wir werden ihn finden.

Hiermit haben wir schon ein Beispiel für die verallgemeinernden Relativsätze, für die eine Fülle von Pronomina und Adverbien zur Verfügung stehen:

Quidquid ortum est, aliquandō intereat necesse est.	Was einmal entstanden ist, muß notwendig einmal wieder vergehen.
Quaecumque mihi prōpōnētur fortūna, subeātur.	Welches Schicksal auch immer mir bevorstehen mag, es soll ertragen werden.

Übung 43:

Bestimme die Art der Nebensätze in den folgenden Beispielen, stelle die Bedeutungsbeziehung zwischen Haupt- und Nebensatz fest und übersetze die Beispiele!

1. Dux pontem fēcit, quō cōpiās flūmen trādūceret.
2. Mīlitēs, unde profectī erant, sē recēpērunt.
3. Caesar ex captīvīs quaesīvit, ubī hostēs essent et quid in animō habērent.
4. Caesar Liscum sōlum retinet; quaerit ex eō, quae in conventū dīxerat.
5. Nihil habēbam, quod scrīberem.
6. Sociī dīgnī sunt, quōrum salūtem dēfendāmus.
7. Quid fuit causae, cūr Rōmulus frātrem occīderet?
8. Athēnīs multa artificia pulcherrima sunt, quae ut vidērent, multī in Graeciam nāvigant.
9. Germānī hospitēs, quācumque dē causā ad eōs vēnērunt, sanctōs habent.
10. Negō in Siciliā tōtā ūllum vās fuisse, quīn Verrēs abstulerit.

Erläuterungen:

Liscus (vgl. Caesar BG I 16–18), ein Haeduerfürst, war Caesars Informant bei der Aufdeckung der romfeindlichen Pläne des Dumnorix.

Verres hatte als Statthalter die Provinz Sizilien ausgeplündert. Cicero führte 70 vor Chr. als Ankläger den Prozeß gegen ihn.

Vokabeln:

ars, artis f	Kunst, Fertigkeit, Eigenschaft
artificium, iī n	Kunstwerk
captīvus, ī m	Kriegsgefangener
conventus, ūs m	Zusammenkunft, Versammlung
cūr	warum?
dīgnus (a, um)	würdig, wert
(dīgnus, quī m. Konj.	würdig . . . zu, wert, daß . . .)
dux, ducis m (dūcere 67)	Führer
frāter, tris m	Bruder
hospes, pitis m	Gastfreund, Fremder
nāvigāre, vī, tum	segeln, (zur See) fahren
occīdere, cīdī, cīsum	niederhauen, töten
quīcumque (quae-, quod-)	wer auch immer; jeder, der
quīn	= quī nōn, quae nōn, quod nōn (vgl. quīn 58)
(se) recipere, cēpī, ceptum	sich zurückziehen
salūs, ūtis f	Wohlergehen, Heil, Rettung
sanctus (a, um)	heilig, ehrwürdig
sōlus (a, um); Gen. sōlīus, Dat. sōlī	allein
trādūcere, dūxī, ductum (vgl. trāicere 46, trānsīre 78)	hinüberführen, hinbringen
vās, vāsis n	Gefäß, Geschirr, Gerät, Möbel

Die Stellung der Nebensätze

Oft folgen die Nebensätze dem Hauptsatz wie in diesem Fall, in dem jeweils eine Erläuterung auf die vorhergehende Aussage folgt:

Helvētiī reliquōs Gallōs virtūte praecēdunt, quod ferē cottīdiānīs proeliīs cum Germānīs contendunt, cum aut suīs fīnibus eōs prohibent aut ipsī in eōrum fīnibus bellum gerunt.	Die Helvetier übertreffen die übrigen Gallier an Tapferkeit, weil sie in fast täglichen Gefechten mit den Germanen kämpfen, indem sie diese entweder von ihrem eigenen Land fernhalten oder selbst in deren Gebiet Krieg führen.

Schwieriger ist ein Satzgefüge zu übersetzen, wenn die Nebensätze dem Hauptsatz vorangehen:

Ab explōrātōribus certior factus hostēs sub monte cōnsēdisse, quālis esset nātūra montis et quālis in circuitū ascēnsus, quī cōgnōscerent, mīsit.	Als er von den Spähern erfahren hatte, daß die Feinde am Fuß des Berges Stellung bezogen hätten, schickte er Leute los, die feststellen sollten, wie die Geländebeschaffenheit des Berges und wie ringsum der Aufstieg möglich sei.

Hier ist der Ablauf des Satzes aus der Perspektive des handelnden Subjekts (Caesar) gestaltet. Er erfährt, daß der Feind am Berg in Stellung gegangen ist, möchte wissen, welche taktischen Möglichkeiten dieser Berg bietet, und entschließt sich dazu, Kundschafter loszuschicken. Am Ende des Satzes steht dann die Verbform, welche die Ausführung dieses Entschlusses mitteilt: mīsit. Das ist sehr eindrucksvoll, aber nicht ohne Mühe zu verstehen, weil außer Vokabeln, Formen und Satzmustern auch noch die stilistische Absicht mitverstanden werden muß.

Man kann die beiden Beispiele nach ihrem grammatischen Schema vergleichen:

↑	↓
Hauptsatz: praecēdunt	Ergänzungssatz: quālis . . . esset . . .
↓	↑
Adverbialsatz: contendunt	Ergänzungssatz: quī, cōgnoscerent
↓	↑
Explikativsatz: aut . . . prohibent aut . . . gerunt	Hauptsatz: mīsit

Während also beim ersten Beispiel das Gefüge mit dem übergeordneten Satz beginnt und der Grad der Unterordnung zunimmt, steht beim zweiten Beispiel der übergeordnete Satz am Ende, und der Grad der Unterordnung nimmt ab. Man spricht im ersten Fall von einer ‚sinkenden', im zweiten von einer ‚steigenden Periode'.

Schließlich gibt es die Binnenstellung der Gliedsätze und nominalen Einbettungen wie im folgenden Fall:

Caesar prīmum suō, deinde omnium ex cōnspectū remōtīs equīs, ut aequātō omnium perīculō spem fugae tolleret, cohortātus suōs proelium commīsit. (Caesar BG I 25, 1)	Caesar ließ zuerst sein Pferd, dann die Pferde aller außer Sichtweite bringen, damit die Gefahr für alle gleich sei und die Hoffnung auf Flucht aufgehoben, hielt dann eine Ansprache an seine Leute und eröffnete die Schlacht.

Statt der Kette mit abnehmender oder zunehmender Überordnung haben wir hier die Klammer zwischen Subjekt und Prädikat, die alles zusammenhält (Caesar . . . commīsit).

Mit einer gewissen Wahrscheinlichkeit kann man Temporalsätze am Anfang eines Satzgefüges erwarten. Der abhängige Fragesatz und der abhängige Begehrungssatz werden eher hinter dem Ausdruck stehen, zu dem sie als Subjekt oder Objekt gehören. Der Relativsatz aber eignet sich dazu, irgendwo in die Mitte des Gefüges eingeordnet zu werden. Wenn diese Erwartungen enttäuscht werden – wie im Fall der beiden letzten Caesar-Beispiele –, dann muß auch nach der stilistischen Absicht gefragt werden, die bei der Formulierung des Textes eine Rolle gespielt haben könnte.

Übung 44:

In dem folgenden Text sind einige Nebensätze ausgelassen worden. Die Aufgabe besteht darin, sie aus dem Kasten herauszusuchen, der unter dem Text steht, und an der passenden Stelle in den Text einzusetzen.

Der auf diese Weise vervollständigte Text ist dann zu übersetzen.

Nach seiner Niederlage gegen Scipio bei Zama (202 vor Chr.) war Hannibal zu König Antiochos III. von Syrien geflohen. Diesem gab er den Rat, seinen Krieg gegen Rom nach Italien hinüberzutragen. Dabei erzählte er ihm auch die folgende Geschichte:

Pater meus Hamilcar . . . . . in Hispāniam imperātor proficīscēns Carthāgine Iovī Optimō Maximō hostiās immolāvit. Quae dīvīna rēs dum cōnficiēbātur, quaesīvit ā mē . . . . . Id cum lībenter accēpissem et ab eō petere coepissem . . . . . tum ille: „Faciam", inquit, „sī mihi fidem . . . . . dederis". Simul mē ad āram addūxit . . . . . eamque tenentem, iūrāre iussit numquam mē in amīcitiā cum Romanīs fore. Id egō iūsiūrandum patrī datum ūsque ad hanc aetātem ita cōnservāvī . . . . . quīn reliquō tempore eādem mente sim futūrus.

(Nach Cornelius Nepos XXIII 2, 3–5)

Welcher Nebensatz gehört wohin?

1. ut nēminī dubium esse dēbeat
2. apud quam sacrificāre īnstitūerat
3. quam postulō
4. cum egō nōn amplius novem annōs nātus eram
5. nē dubitāret dūcere
6. vellemne sēcum in castra proficīscī

Erläuterungen:

nōn amplius novem annōs nātus	nicht mehr als neun Jahre alt
imperātor	prädikativ: als Befehlshaber
Iuppiter Optimus Maximus	(„der Beste und der Größte“) der höchste Gott bei den Römern (und bei den Karthagern)
hostiās immolāre	Opfertiere schlachten, opfern
nē dubitāret dūcere	daß er mich unverzüglich mitnehme
nōn dubium est, quīn . . .	es ist nicht zweifelhaft, daß . . .
hāc mente esse	diese Einstellung haben

Vokabeln:

apud b. Akk.	bei, nahe bei
cōnservāre, vī, tum	bewahren, erhalten
dīvīnus (a, um)	göttlich
fidem dare (fidēs 99)	sein Wort geben
imperātor, ōris m (imperāre 83)	Befehlshaber, Feldherr
īnstituere, uī, tūtum (statuere 20, constituere 31)	1. einrichten, 2. beginnen, 3. unterrichten
iūsiūrandum, ī n	Eid, Schwur
lībenter Adv.	gern
postulāre, vī, tum	fordern
sacrificāre, vī, tum	opfern
simul Adv.	gleichzeitig, zugleich
ūsque Adv.	ohne Unterbrechung

Das Übersetzen längerer Satzgefüge (Perioden)

Ein erster Schritt bei der Bewältigung von Schwierigkeiten kann darin bestehen, daß man nach ihren Ursachen fragt. Die längeren Satzgefüge lateinischer Kunstprosa, auch ‚Perioden' genannt, kann man nicht auf Anhieb ins Deutsche übersetzen. Man muß sie vielmehr unterteilen, um überhaupt mit ihnen fertig zu werden. Als Beispiel soll ein Satz aus Caesar ‚Bellum Gallicum' dienen:

Germānī post tergum clāmōre audītō, cum suōs interficī vidērent, armīs abiectīs sē ex castrīs ēiēcērunt et, cum ad Rhēnum pervēnissent, reliquā fugā dēspērātā māgnō numerō interfectō sē in flūmen praecipitāvērunt.

(Nach Caesar BG IV 15, 1/2)

Als die Germanen hinter sich Geschrei hörten und sahen, wie ihre Leute niedergemacht wurden, warfen sie ihre Waffen weg und stürzten aus dem Lager. Da ihnen jedoch, als sie an den Rhein gekommen waren, der weitere Fluchtweg abgeschnitten war, stürzten sie sich nach Verlust einer großen Zahl ihrer Leute in den Fluß.

Die Phasen des Geschehens sind abwechselnd im Abl. abs., im Gliedsatz mit ‚cum' und im Hauptsatz mitgeteilt:

Hauptsatz	Gliedsatz	Ablativus absolutus
Germānī		
		post tergum clāmōre audītō
	cum suōs interficī vidērent	
		armīs abiectīs
sē ex castrīs ēiēcērunt et		
	cum ad Rhēnum pervē-nissent	
		reliquā fugā dēspērātā
		māgnō numerō interfectō
sē in flūmen praecipitā-vērunt.		

Im Deutschen wird aus den ersten beiden Aussagen ein Temporalsatz mit zwei Prädikaten („als . . ."). Aus den nächsten beiden Aussagen hat der Übersetzer einen Hauptsatz mit zwei Prädikaten gemacht („warfen sie und stürzten . . ."). Dem dann folgenden ‚cum'-Satz entspricht im Deutschen ein Temporalsatz mit „als", der in einen Kausalsatz eingebettet ist, mit dem der Abl. abs. ‚reliquā fugā dēspērātā' wiedergegeben wird. Dem abschließenden Hauptsatz, der dem lateinischen entspricht, wird ein substantivischer Ausdruck eingefügt („nach Verlust . . ."), mit dem der letzte Abl. abs. übersetzt ist. Auch der Übersetzer arbeitet also mit drei Registern: Beiordnung durch Satzreihe, Unterordnung durch Gliedsatz und durch Substantivierung. Vor der Wiedergabe des lateinischen Textes ab ‚et' macht der Übersetzer einen Punkt. Warum macht er nicht, wie der Lateiner, einen einzigen Satz? Versuchen wir es:

> „Die Germanen warfen, als sie hinter sich Geschrei vernahmen und sahen, wie ihre Leute niedergemacht wurden, ihre Waffen weg, eilten aus dem Lager und stürzten sich, als sie an den Rhein gelangt waren und der weitere Fluchtweg abgeschnitten war, nach Verlust einer großen Zahl ihrer Leute kopfüber in den Fluß."

Der Text ist schwer zu verstehen und an Klarheit mit dem lateinischen Ausgangstext nicht zu vergleichen. Der Versuch, einen einzigen lateinischen Satz durch einen einzigen deutschen wiedergeben zu wollen, beruht auf einem Mißverständnis. Die Übersetzung macht aus einem Text von 30 Wörtern einen solchen von 50. So viele Wörter werden wegen der Strukturunterschiede zwischen den beiden Sprachen benötigt. Im Deutschen müssen den Substantiven Artikel beigegeben, müssen die Subjektstellen mit Pronomina besetzt, müssen Funktionswörter („wie", „nach" u. ä.) zugefügt werden. Mit anderen Worten: Die Kürze des Lateinischen ist nicht nachahmbar. Zum Übersetzen müssen lateinische Perioden deshalb unterteilt werden. Der erste Übersetzer hat gezeigt, wie man das macht. Er hat die Stelle gewählt, wo der lateinische Autor sozusagen ‚Luft holt', indem er mit dem beiordnenden ‚et' einen neuen Satzbogen beginnt.

Übung 45:

Wo unterteilt man die folgende Periode am besten? Der Text handelt von Caesars Landung in Britannien im Jahr 55 vor Chr. Übersetze den Text!

Cum nāvēs appropinquārent Britanniae et ex castrīs vidērentur, tanta tempestās subitō orta est, ut nūlla eārum cursum tenēre posset, sed aliae eōdem, unde erant profectae, referrentur, aliae ad īnferiōrem partem īnsulae, quae est propius sōlis occāsum, māgnō suō cum perīculo dēicerentur.

(Caesar BG IV 28, 2)

Vokabeln:

alius (alia, aliud); Gen. alterīus; Dat. aliī	ein anderer
alius ... alius	der eine ... der andere
cursus, ūs m (currere 111)	Lauf, Kurs
eōdem Adv.	ebendorthin
dēicere, iō, iēcī, iectum (ēicere 79)	umwerfen, niederwerfen
īnferior (ius), iōris	weiter unten; geringerer
īnsula, ae f	Insel
occidere, cidī, cāsum (⟵⟶ occīdere 115)	untergehen
occāsus, us m	Untergang
orīrī, ortus sum	entstehen, abstammen, herkommen
propius Adv. (prope 67)	näher

Die Rolle der ‚Kleinen Wörter‘

Je umfangreicher ein Text mit längeren Satzgefügen ist, desto wichtiger wird die Rolle, welche die ‚Kleinen Wörter‘, Pronomina, Adverbien, Konjunktionen, für das Verständnis spielen. Sie bilden eine Art Ordnungssystem, an das man sich halten kann, um nicht in die Irre zu gehen. Man muß sich dazu klarmachen, daß die ‚Kleinen Wörter‘ in der Regel mehr als ein Drittel der Wörterzahl eines Textes ausmachen:

Alexander, Macedōnum rēx, ōrāculō monitus est, ut eum quī sibi portā ēgressō prīmus occurrisset, interficī iubēret. Itaque asinārium forte sibi obviam venientem ad mortem dūcī imperāvit. Sed ille quaesīvit, quamobrem innocēns summō suppliciō afficerētur. Ad haec rēx ad excūsandum factum suum rettulit, quid ōrāculum sibi praecēpisset. Tum asinārius: „Sī ita est“, inquit, „rēx, alium ōrāculum huic mortī cōnstituit. Nam asellus iste quem egō ante mē agēbam, prior tibi occurrit.“

Der Makedonenkönig Alexander wurde durch einen Orakelspruch aufgefordert, er solle denjenigen, der ihm beim Verlassen der Stadt als erster begegnen würde, töten lassen. Deshalb befahl er, einen Eseltreiber, der ihm zufällig entgegenkam, zur Hinrichtung zu führen. Jener aber fragte, warum er trotz seiner Unschuld die schlimmste Strafe erleiden solle. Hierauf berichtete der König, um sein Verhalten zu entschuldigen, was das Orakel ihm befohlen hatte. Da erwiderte der Eseltreiber: „Wenn das so ist, o König, so hat das Orakel einen anderen für diesen Tod bestimmt. Denn dieser Esel hier, den ich vor mir her trieb, ist dir eher begegnet.“

(Nach Val. Max. VII 3, ext. 1)

Der Text umfaßt 66 Wörter. Umrandet sind 22 ‚Kleine Wörter'. Dazu kommen noch ut (2), ad (7, 12), sī ita (16), ante (19), so daß insgesamt 28 von den 66 Wörtern des Textes Funktionswörter sind (= 42%), unter denen man sich nichts rechtes vorstellen kann, die aber die Beziehungen zwischen den anderen Wörtern, Substantiven, Verben usw., regeln. So gibt ‚itaque' (5) an, daß diese Handlung eine Folge des Geschehens darstellt, von dem im ersten Satz erzählt wurde. Mit ‚sed' (9) setzt eine Wendung ein: Der Eseltreiber, nunmehr ‚ille' (Rückbezug auf ‚asinārium' 6), löst Alexander als Handelnder ab, der nun darauf (‚ad haec' 12) reagieren muß. Die Pointe mit der klugen Lösung, die der Eseltreiber für das Problem anbietet, wird durch das Zeitadverb ‚tum' eingeleitet. In seiner wörtlich wiedergegebenen Rede ist der zweite Satz durch ‚nam' als Begründung gekennzeichnet. Auffällig sind die vielen Personal- und Possessivpronomina, welche den Inhalt bestimmter Satzglieder an das Subjekt ‚Alexander' zurückbinden (Reflexiv: sibi 3, 6, 14; suum 13). Der Eseltreiber ist dagegen als ‚eum, quī' (3) und ‚ille' (9) gekennzeichnet. In der wörtlichen Rede ist er der Sprecher (egō, mē 19), der König der Angesprochene (tibi 20). Mit ‚forte' (6) wird die Begegnung (obviam venientem) als zufällig charakterisiert. Die Fragewörter ‚quamobrem' (10) und ‚quid' (14) machen die Gliedsätze als Ergänzungen zu ‚quaesivit' (9) und ‚rettulit' (13) kenntlich. Mit ‚alium' (17) wird die Gegenüberstellung von ‚asinārius' und ‚asellus' (18) eingeleitet, die dem Sprecher das Leben rettet. Die Worte ‚huic mortī' (17) weisen auf das Thema zurück, das durch ein ganzes Wortfeld hier vertreten ist (interficī 5, ad mortem dūcī 7/8, summō suppliciō afficerētur 10/11). Mit dem Pronomen ‚iste' (19) zeigt der Eseltreiber schließlich auf das Tier, das er vor sich her treibt (quem egō ante mē agēbam 19/20).

Wie unentbehrlich die ‚Kleinen Wörter' für den Aufbau eines Textes sind, wird deutlich, wenn man sie sich einmal wegdenkt. Gäbe es die Pronomina als Stellvertreter z. B. nicht, so müßte jedesmal der Eigenname oder die Gattungsbezeichnung für die handelnde Person eingesetzt werden, also etwa:

Itaque Alexander asinārium forte Alexandrō obviam venientem . . .	Daher befahl Alexander, einen Eseltreiber, der Alexander zufällig begegnete . . .

Wollte man ohne ‚itaque' auskommen, müßte man den Inhalt des ersten Satzes in einer präpositionalen Wendung wiederholen:

Propter ōrāculum, ut prīmus Alexandrō portā ēgressō occurrēns interficerētur, monēns . . .	Wegen des Orakelspruchs, der anordnet, daß der Alexander beim Verlassen der Stadt zuerst Begegnende den Tod finden solle . . .

Man sieht, wie unverständlich ein solcher Text ohne ‚Kleine Wörter' wäre.

Aus dieser Erkenntnis ergibt sich, daß man Pronomina nach Form und Funktion, Adverbien und Konjunktionen nach ihrer Funktion genauso exakt bestimmen muß, wie man es von Kasusformen und finiten und nominalen Verbformen gewöhnt ist.

Übung 46:

In dem folgenden Text sind einige Pronomenformen ausgelassen worden. Die Aufgabe besteht darin, sie aus dem Kasten herauszusuchen, der unter dem Text steht, und an der passenden Stelle in den Text einzusetzen.

Der auf diese Weise vervollständigte Text ist dann zu übersetzen.

Siculus quīdam, ... prōcōnsulis Rōmānī admodum similis erat, prōmptum sermōne sē praebuit. Cum enim prōcōnsul dīceret mīrārī ..., quā dē causa ... tam similis esset, cum pater ... in eam prōvinciam numquam accessisset, ille: „At ...“, inquit, „Rōmam accessit.“

(Nach Valerius Maximus IX 14, ext. 3)

Welche Pronomenform gehört wohin?

1. suī 2. quī 3. sē 4. meus 5. suus

Erläuterung:

Siculus, ī m	Einwohner von Sizilien (römische Provinz)

Vokabeln:

accēdere, cessī, cessum	herantreten, hin(zu)kommen
admodum Adv.	ziemlich
mīrārī, tus sum	sich (über etwas) wundern, (etwas) bewundern
praebēre, uī, itum	zeigen, gewähren
prōcōnsul, lis m	Provinzgouverneur im Rang eines Konsuls
prōmptus (a, um)	bereit, entschlossen
prōmptus sermōne	schlagfertig
quā dē causā	weshalb, wieso
quīdam (quaedam, quoddam)	ein bestimmter, etwas
Pl. quīdam (quaedam)	einige, gewisse
similis (e), is (mit Genitiv) (simul 118)	ähnlich
tam (quam 53)	so (sehr)

Reflexivpronomen:
Nom. – Gen. suī Dat. sibi Akk. sē Abl. (ā) sē

Übung 47:

In dem folgenden Text sind einige ‚Kleine Wörter‘ (Adverbien, Konjunktionen, Präpositionen) ausgelassen worden. Die Aufgabe besteht darin, sie aus dem Kasten herauszusuchen, der unter dem Text steht, und an der passenden Stelle in den Text einzusetzen.

Der auf diese Weise vervollständigte Text ist dann zu übersetzen.

Antīquīs temporibus hominēs nōndum ratiōne animī, . . . vīribus corporis plēraque administrābant.

. . . hominēs illō tempore sine cultū, . . . īnstitūtīs lēgibusque vīvēbant.

. . . autem māgnus quīdam et sapiēns vir hominēs in ūnum locum condūxit et eōs multās bonās artēs docuit.

Illī virō hominēs . . . resistēbant, . . . autem . . . ratiōnem et ōrātiōnem summō studiō eum audiēbant.
(Nach Cicero, De inv. 1, 2)

Welches ‚Kleine Wort‘ gehört wohin?

1. sine 2. deinde 3. posteā 4. sed 5. propter 6. prīmō 7. itaque

Erläuterung:

Es war antike Auffassung, daß eine überragende Persönlichkeit den Menschen die Kultur beigebracht habe.

Vokabeln:

administrāre, vī, tum	ausführen, verwalten, leiten
condūcere, dūxī, ductum (dūcere 67)	zusammenführen; anwerben, mieten
cultus, ūs m	Pflege, Lebensweise, Erziehung
(cultus deōrum	Götterdienst)
īnstitūtum, ī n (īnstituere 118)	1. Einrichtung, 2. Vorhaben
plērīque (plēraeque, plēraque)	die meisten
posteā (post 29) Adv.	danach, später
prīmō (prīmus 99) Adv.	anfangs, zuerst
propter b. Akk.	wegen
resistere, stitī (dēsistere 96)	widerstehen
ūnus (a, um); Gen. ūnīus; Dat. ūnī	einer (eine, ein)
vīrēs, ium f Pl	Kräfte, Streitkräfte

Übung 48:

In dem folgenden Text werden die Pronomina

alter (era, erum),
hic (haec, hoc),
ille (Illa, illud) *und*
ipse (ipsa, ipsum) *mehrfach gebraucht.*

Stelle fest, welche der in der Geschichte vorkommenden Personen damit jeweils gemeint sind, und übersetze den Text!

In itinere quīdam proficīscentem ad mercātum quendam et sēcum aliquantum nummōrum ferentem est comitātus. Cum hōc, ut ferē fit, in viā familiāriter locūtus est. Ex quō factum est, ut illud iter familiārius facere vellent. Quārē cum in eandem tabernam dēvertissent, simul cēnāre et in eōdem locō somnum capere voluērunt. Cēnātī quiētī sē dedērunt ibidem. Cōpō autem, cum illum alterum, quī nummōs habēret, animadvertisset, noctū, postquam illōs artius dormīre sēnsit, accessit et alterīus eōrum, quī sine nummīs erat, gladium prope dēpositum ē vāgīnā dūxit et illum alterum occīdit, nummōs abstulit, gladium cruentum in vāgīnam condidit, ipse sē in suum lectum recēpit. Ille autem, cuius gladiō comes erat occīsus, multō ante lūcem surrēxit, comitem illum inclamāvit semel et saepius. Illum somnō impedītum nōn respondēre exīstimāvit. Ipse gladium et cētera, quae sēcum attulerat, sustulit et sōlus profectus est. Cōpō nōn multum post conclamat hominem esse occīsum et cum quibusdam hospitibus illum, quī ante exierat, cōnsequitur in itinere. Hominem comprehendit, gladium eius ē vāgīnā dūcit, repperit cruentum. Homō in urbem ab illīs dēdūcitur ac reus fit. (Nach Cicero, De inv. II 14)

Erläuterungen:

mercātus, ūs m	Markt, Handel
sēcum = cum sē	mit sich
aliquantum, ī n	ziemlich viel
nummus, ī m	Münze, Geld
taberna, ae f	Laden, Werkstatt; Wirtshaus, Gasthaus
dēvertere, vertī	einkehren, absteigen
cōpō, ōnis m (caupō)	Gastwirt
artius Adv.	enger, tiefer (im Schlaf)
cruentus (a, um)	blutig

vāgīna, ae f	Scheide
inclamāre, vī, tum (clāmor 79)	anrufen, ansprechen
conclamāre, vī, tum	zusammenrufen

Vokabeln:

animadvertere, vertī, versum	bemerken, achtgeben
cēnāre, vī, tum	speisen
comes, comitis m	Begleiter
comitārī, tus sum	begleiten
comprehendere, hendī, hēnsum	ergreifen, festnehmen
condere, didi, ditum	1. gründen, 2. verwahren, bergen
cōnsequī, secūtus sum (sequī 67)	nachfolgen, erreichen
dēdūcere, dūxī, ductum (dūcere 67)	wegführen, hinführen
dormīre, dormītum	schlafen
ē, ex b. Abl.	aus, von . . . her
familiāris (e), is	vertraut, bekannt
gladius, iī m	Schwert
ibidem Adv. (ibī 25)	ebendort
īdem (eadem, idem)	derselbe
lectus, ī m	Liegesofa, Bett
lūx, lūcis f	Licht, Helligkeit
multō ante lūcem	weit vor Tagesanbruch
postquam	nachdem
quārē	wodurch; am Satzanfang: daher
quiēs, quiētis f	Ruhe
reperīre, repperī, repertum	wiedergewinnen, finden
saepe (Kompar. saepius, Superl. saepissimē) Adv.	oft
semel Adv.	einmal
somnus, ī m	Schlaf
somnum capere	schlafen
surgere, surrēxī, surrēctum	sich erheben, aufstehen

Gliedsätze auf einen Blick

(I) Adverbialsätze:

Bedeutungs-verhältnis	Einleitungs-wörter	Modus	Nega-tion	‚Sinnweiser' im übergeordneten Satz
(1) temporal (Zeit)	postquam, prius-quam, cum, dum, simulac	Ind. oder Konj.	nōn	tum, eō tempore
(2) kausal (Grund)	quod, quia, quon-iam, cum	Ind. oder Konj.	nōn	propterеā, ob eam rem, eō magis
(3) konzessiv (Gegengrund)	quamquam, etiam-sī, quamvīs, ut, cum	Ind. oder Konj.		tamen
(4) konditional (Bedingung)	sī, sīn (autem), sīve . . . sīve	Ind. oder Konj.	nisī, nī	
(5) komparativ (Vergleich)	ut, quemadmodum, quam, quantus, quālis; quasi; ac	Ind. oder Konj.	nōn	ita, sīc, tam, tantus, tālis, īdem, aliter
(6) konsekutiv (Folge)	ut	Konj.	nōn	ita, sīc, tam, tantus, tālis
(7) final (Zweck)	ut, quō	Konj.	nē	
(8) adversativ (Gegensatz)	cum	Konj.		

(II) Ergänzungssätze:				
(1) Abhängige Begehrungssätze	ut, nē; quōminus; quīn	Konj.	nē, nē nōn	Verben des Beabsichtigens, Forderns, Befürchtens und Hinderns
(2) Abhängige Fragesätze				
(2.1) Satzfragen	-ne, nōnne, num, an, utrum . . . an, quīn; sī („ob“)	Konj.	nōn	Verben des Wissens, Wissenlassens und Wissenwollens; Verben der Erwartung
(2.2) Wortfragen	quis, quid; quī, quae, quod; uter; unde, ubī, quō, cūr, quandō etc.	Konj.	nōn	

(III) Relativsätze (Subjekt, Objekt, Attribut, Adv. Best.):				
Bezug innerhalb des Satzgefüges oder relativischer Anschluß, auch relativische Verschränkung	quī, quae, quod; quīcumque, quisquis, ubī, quā, unde etc.	Ind. oder Konj. (final, konzess. oder kausal)	nōn	is, īdem, hic, tantus, tālis, tot(iens), ibī, eō, inde etc.

(IV) Explikativsätze (Subjekt, Objekt, Attribut, Adv. Best.):				
Entfaltung des Hauptsatzinhalts	cum, quod; ut, nē; quīn	Ind. oder Konj.	nōn, nē	Verben der Gemütsstimmung, Verben des Geschehens und Bewirkens; mōs est, eō cōnsiliō, eā condiciōne

Häufig vorkommende mehrdeutige Wortausgänge

(1)	-a	Nom. u. Abl. Sing. a-Dekl. (causa); Nom. u. Akk. Plur. aller Neutra (bella, corpora); Imperativ Sing. a-Konjugation (da „gib!")
(2)	-ae	Gen. u. Dat. Sing. u. Nom. Plur. a-Dekl. (causae)
(3)	-am	Akk. Sing. a-Dekl. (causam); 1. Pers. Sing. Konj. Präs. u. Fut. I der 3. Konjugation (faciam „ich möchte/werde tun")
(4)	-are	Adj. n (familiāre); Inf. Pr. Akt. (putāre); Imperativ Dep. (arbitrāre!)
(5)	-as	Akk. Plur. a-Dekl. (causās); 2. Pers. Sing. Konj. Präs. Akt. (agās „du sollst handeln"); Nom. Sing. d. 3. Dekl. (auctōritās)
(6)	-e	Abl. Sing. d. 3. Dekl. (genere); Adverb (longē, facile); Imperativ d. 2. u. 3. Konjugation (habē, mitte)
(7)	-ei	Gen. u. Dat. Sing. e-Dekl. (diēī); Gen. Sing. u. Nom. Plur. o-Dekl. (deī: „des Gottes", „Götter")
(8)	-em	Akk. Sing. d. 3. u. d. e-Dekl. (cōnsulem, diem); 1. Pers. Sing. Konj. Präs. Akt. d. a-Konjugation (putem: „ich möchte annehmen")
(9)	-ere	Infinitiv Präs. Akt. d. e-Konj. (habēre); 3. Pers. Pl. Ind. Perf. Akt. (ēgēre = ēgērunt „sie trieben"); Imperativ Präs. der Deponentien d. 2. u. 3. Konjugation (sequere „begleite!"); Infinitiv Präs. Akt. d. kons. Konj. (facere)
(10)	-eris	2. Pers. Sing. Ind. Präs. Pass. (ageris); 2. Pers. Sing. Konj. Perf. Akt. (ēgeris); Dat. u. Abl. Plur. von Adjektiven auf -er (miserīs)
(11)	-ero	1. Pers. Sing. Fut. II Akt. (cōgnōverō); Dat. u. Abl. Sing. von Substantiven u. Adjektiven auf -er (puerō, miserō)

(12)	-es	Nom. u. Akk. Plur. d. kons. u. d. e-Dekl. (diēs, cōnsulēs); Nom. Sing. d. kons. u. d. e-Dekl. (diēs, mīles); 2. Pers. Sing. Konj. Präs. d. a-Konj. (des „du sollst geben"); 2. Pers. Sing. Fut. I Akt. d. 3. Konj. (faciēs „du wirst tun")
(13)	-i	Gen. Sing. u. Nom. Pl. d. o-Dekl. (annī); Dat. Sing. d. 3. u. der e-Dekl. (cōnsulī, reī); Abl. Sing. d. i-Dekl. (turrī, marī); Inf. Präs. Pass. d. 3. Konjug. (agī „getrieben werden")
(14)	-imus	1. Pers. Pl. Ind. Perf. Akt. (putāvimus, habuimus, dedimus usw.); 1. Pers. Pl. Ind. Präs. Akt. (facimus, audīmus); Superlativform (amīcissimus, facillimus)
(15)	-is	Dat. u. Abl. Pl. d. a- u. o-Dekl. (locīs, terrīs); Gen. Sing. d. 3. Dekl. (cōnsulis); 2. Pers. Sing. Ind. Präs. Akt. d. 3. Konj. (agis)
(16)	-ium	Nom. u. Akk. Sing. der Neutra d. o-Dekl. (cōnsilium); Gen. Pl. d. Mischklasse d. 3. Dekl. (nāvium)
(17)	-mini	2. Pers. Pl. Pass. (vidēminī); Dat. Sing. von Wörtern d. 3. Dekl. (nōminī, hominī)
(18)	-o	Dat. u. Abl. Sing. d. o-Dekl. (annō, bellō); Nom. Sing. vieler Wörter d. 3. Dekl. (homō, ratiō, religiō); 1. Pers. Sing. Präs. sowie Fut. I u. II Akt. (agō, dabō, cōgnōverō); Adverbien (citō „schnell", meritō „verdientermaßen, zu Recht")
(19)	-os	Akk. Plur. d. o-Dekl. m (annōs); Nom. Sing mancher Wörter der 3. Dekl. (sacerdōs „Priester", mōs „Sitte")
(20)	-u	Nom., Dat., Akk., Abl. d. u-Dekl. (factū Supinum II, cornu, exercitū)
(21)	-um	Nom. u. Akk. Sing. d. o-Dekl. (cōnsilium, annum) u. d. u-Dekl. (exercitum); Gen. Plur. d. 3. Dekl. (cōnsulum)

Elemente der Wortbildung

Bestimmungsvorsilben (Präfixe):

(1) Präfixe von Verben:

ā-, ab-, abs-	fort-, ab-, weg-, los-	ab-esse fortsein, abwesend sein – au-ferre wegtragen – abs-tinēre abhalten; sich enthalten – ā-mittere loslassen, verlieren
ad-	heran-, hin-, hinzu-, an-	ac-cēdere herangehen – ad-hibēre hinzuziehen, anwenden – ad-īre hingehen
com-, con-, co-	zusammen-, miteinander-, an-, er-	co-hibēre zusammenhalten – col-loquī miteinander reden – com-prehendere ergreifen – com-mittere veranstalten; anvertrauen – cōn-sequī nachfolgen, erreichen
dē-	ab-, weg-, herab-	dē-sistere abstehen, ablassen – dē-dūcere wegführen – dē-pōnere niederlegen
dis-, dī-	auseinander-, weg-, zer-	dis-pōnere auseinanderlegen – dī-mittere wegschicken – dī-videre zerteilen
ex-, ē-	heraus-, aus-, los-	ex-īre herausgehen – ē-rumpere ausbrechen – sē ē-icere losstürzen
in-	hinein-, ein-, an-	im-portāre einführen – in-īre hineingehen – in-cipere anfangen
inter-	dazwischen-, unter-	inter-esse dazwischen sein, teilnehmen – inter-īre untergehen
ob-	entgegen-, gegen-, be-	of-ferre entgegenbringen, anbieten – oc-currere entgegeneilen – op-primere überfallen, bedrängen
prō-, prōd-	hervor-, vor-	prōd-īre hervorgehen – pro-hibēre fernhalten , hindern – prō-mittere in Aussicht stellen, versprechen
re-, red-	zurück-, wieder-, wider-	red-īre zurückkehren – re-petere zurückverlangen, wiederholen – re-spondēre erwidern – re-sistere widerstehen
sub-, sus-	(dar)unter-, heran-, zu Hilfe	sub-īre darunter gehen, nahe heran gehen – sus-cipere unternehmen – sub-venīre zu Hilfe kommen
super-	über-, übrig	super-āre überragen, überwinden, überleben – super-esse übrig sein, überlegen sein
trā-, trāns-	hinüber-, über-	trā-dūcere hinüberführen – trā-dere übergeben, überliefern – trāns-īre hinübergehen, überschreiten

(2) Präfixe von Substantiven und Adjektiven:

con-, per-, prae-	steigernd: sehr, ganz	cōn-stāns standhaft, beständig – per-māgnus sehr groß – prae-clārus hoch berühmt; ganz deutlich
dis-, in-, ne-, neg-	verneinend: nicht, un-	dif-ficilis nicht leicht, schwierig – im-mortālis unsterblich – neg-ōtium (nicht Muße) Beschäftigung, Geschäft – nēmō (= ne homo) niemand

Wortableitung durch Suffixe:

(1) Suffixe von Verben:

-sc-	Beginn und Verlauf eines Vorgangs	īrā-sc-ī in Zorn geraten, zürnen – cōgnō-sc-ere kennen lernen, erkennen
-tā-, -sā-	Häufigkeit und Intensität eines Vorgangs	agi-tā-re heftig betreiben, erwägen (zu agere treiben, tun) – ver-sā-rī sich befinden (zu vertere wenden)

(2) Suffixe von Adjektiven:

-ilis, -bilis, -ris	Zu einer Tätigkeit oder Sache gehörig	fac-ilis leicht (zu tun: facere) – incrēdi-bilis unglaublich (crēdere glauben) – populā-ris volkstümlich, zur Volkspartei gehörig (populus Volk)
-tus, -ōsus	versehen mit, voll von, reich an	onustus beladen, schwer (zu onus Last) – iūstus gerecht (zu iūs Recht) – vitiōsus fehlerhaft, mangelhaft (vitium Fehler)
-ter	paarweise gegenübergestellt	dexter rechts ⟷ sinister links – noster unser ⟷ vester euer

(3) Suffixe von Substantiven:

-itia f	Menschliches Verhalten	iūst-itia Gerechtigkeit (iūstus gerecht) – laet-itia Fröhlichkeit (laetus fröhlich)
-tās, -tātis f	Abstraktum zu Adjektiven jeder Art	lībertās Freiheit (līber, -era, -erum frei) – vēritās Wahrheit (vērus, a, um wahr) – dīgnitās Würde, Rang (dīgnus, a, um würdig, wert)
-tūdō, -dinis f	Abstraktum zu Adjektiven und Verben	māgnitūdō Größe (māgnus, a, um groß) – altitūdō Höhe; Tiefe (altus, a, um hoch; tief) – valētūdō Gesundheit(szustand) (valēre gesund sein)
-tor, (-sor) -ōris m	Handelnde Person (nōmen agentis)	ōrātor Redner (ōrāre reden, bitten) – dēfēnsor Verteidiger (dēfendere verteidigen) – imperātor Befehlshaber (imperāre befehlen)
-tiō, (siō) ōnis f	Begriff einer Handlung (nōmen āctiōnis)	ōrātiō Rede (ōrāre reden) – dēfēnsiō Verteidigung (dēfendere verteidigen) – nātiō Volksstamm, Herkunft (nāsci geboren werden)
-tus, (-sus) -ūs m	Begriff einer Handlung	conventus Versammlung, Gerichtstag (convenīre zusammenkommen) – cursus Lauf, Kurs (currere laufen, eilen)
-mentum, -ī n	Mittel zu einer Handlung	ōrnāmentum Ausrüstung, Schmuck (ōrnāre ausrüsten, schmücken) – monumentum Mahnmal (monēre erinnern, ermahnen)
-or, ōris m	Ergebnis eines Vorgangs	error Irrtum, Irrfahrt (errāre [sich] irren, sich täuschen) – amor Liebe (amāre lieben) – dolor Schmerz (dolēre Schmerz empfinden)
-ulus (-ellus)	Verkleinerung (nōmen dēminutīvum)	castellum, ī n Schanze, Kastell (castra, ōrum Heerlager) – puella, ae Mädchen (puer, erī Knabe, Diener) – tantulus, a, um so klein (tantus, a, um so groß)

Übersicht über die Übungen

Alphabetischer Index der Lernvokabeln

Die Zahlen bezeichnen die Seite auf der die Vokabel zum ersten Mal vorkommt und zum Lernen angeboten wird. In der Regel wird ihre Kenntnis bei erneutem Vorkommen in einer späteren Übung vorausgesetzt. Wenn die Vokabelangaben (bei Nomina Gen. Sing. u. gramm. Geschlecht, bei Verben Stammformen, und deutsche Bedeutung) nicht unter der Übung, sondern im <u>Lösungsheft</u> stehen, ist die Zahl in Klammern gesetzt. Die hundert häufigsten Vokabeln sind unterstrichen.

Grammatisches Register

Begriffe, zu denen auf den angegebenen Seiten Übersicht über Teilgebiete der Grammatik zu finden sind, erscheinen im Fettdruck.

Leichter lernen, lieber lernen. Also Klett.

Abiturwissen

Viel Wissen in einem Buch – für Schüler, die eine gute oder sehr gute Abiturnote anstreben. Bisher sind erschienen:

Abiturwissen Deutsche Literatur
Epochen - Werke - Autoren
ISBN 3-12-929528-3

Abiturwissen Drama
ISBN 3-12-929526-7

Abiturwissen Erzählende Prosa
ISBN 3-12-929504-6

Abiturwissen Lyrik
ISBN 3-12-929523-2

Abiturwissen Deutschland im 19. Jahrhundert
Nationalismus, Liberalismus, Industrialisierung und Soziale Frage
ISBN 3-12-893230-1

Abiturwissen Die Weimarer Republik
ISBN 3-12-893250-6

Abiturwissen Das Dritte Reich
ISBN 3-12-929522-4

Abiturwissen Deutschland nach 1945
ISBN 3-12-929519-4

Abiturwissen Industrielle Revolution und Soziale Frage
ISBN 3-12-929508-9

Abiturwissen Zeitalter des Imperialismus (1870-1914/18)
ISBN 3-12-929506-2

Abiturwissen Politik
ISBN 3-12-929518-6

Abiturwissen Wirtschaft
ISBN 3-12-929524-0

Abiturwissen Zellbiologie
ISBN 3-12-929501-1

Abiturwissen Evolution
ISBN 3-12-893240-9

Abiturwissen Nerven, Sinne und Hormone
ISBN 3-12-929513-5

Abiturwissen Ökologie
ISBN 3-12-929505-4

Abiturwissen Stoffwechsel
ISBN 3-12-893210-7

Abiturwissen Genetik
ISBN 3-12-929510-0

Abiturwissen Verhaltensbiologie
ISBN 3-12-929544-5

Abiturwissen Lineare Algebra und Analytische Geometrie
ISBN 3-12-929521-6

Abiturwissen Analysis
ISBN 3-12-929502-X

Abiturwissen Stochastik
ISBN 3-12-893220-4

Abiturwissen Landeskunde Great Britain/ United States of America
ISBN 3-12-929509-7

Eberhard Hermes / Gerd-Reiner Mayer

Training Latein

Formenlehre – Satzlehre – Wortschatz

Ab dem 3. Lernjahr

Lösungsheft

Ernst Klett Verlag für Wissen und Bildung
Stuttgart · Dresden

Kerstin Wintermann

Inhalt:

Satz: Fotosatz Janß, Pfungstadt
Druck: Wilhelm Röck, Weinsberg
Beilage zu 3-12-922122-0

Zu diesem Lösungsheft

Der Lernerfolg mit ‚Training Latein' hängt davon ab, wie man dieses Lösungsheft benutzt. Die Übungen sollen der Anwendung des erworbenen Wissens und der Überprüfung der eigenen Fortschritte dienen. Doch erfüllen sie diesen Zweck nur, wenn der Benutzer das Lösungsheft erst dann zur Hand nimmt, nachdem er sich genug Mühe gegeben hat, die gestellten Aufgaben selbständig zu bearbeiten. Wenn er seine Arbeitsergebnisse mit den Lösungen dieses Heftes vergleicht, muß er allerdings zwischen Übersetzungen und andersartigen Aufgaben unterscheiden. Wenn gefragt wird, welches Satzglied ein Kasus darstellt (6), wie eine Verbform zu bestimmen ist (25) oder ob ein AcI oder ein NcI vorliegt (33), darf jeweils eine richtige Antwort erwartet werden. Wenn aber ein Text übersetzt werden soll, sind mehrere deutsche Versionen möglich und ‚richtig', von denen in der Regel nur eine im Lösungsheft angeführt werden kann. Ausnahmen sind die Übungen 23 und 30, wo eben dieser Sachverhalt deutlich gemacht wird. Trotzdem ist es möglich, genau zu sagen, was an einer Übersetzung ‚falsch' ist. Dazu ein Beispiel:

Caesar charakterisiert die politische Stellung des nichtadligen Volkes bei den Galliern mit dem Satz:

Plēbs nūllī adhibētur cōnsiliō. (BG VI 13, 1)	Die untere Volksschicht wird zu keiner Beratung hinzugezogen.

Möglich wären auch Versionen wie: „Man läßt das Volk zu keiner Sitzung zu" oder: „Die Plebs wird nie zu Rate gezogen" u. v. a. Die folgende Übersetzung ist aber falsch: „Das Volk wird von keinem Beratungsausschuß hinzugezogen". Der Übersetzer hat hier den Dativ der Beteiligung (nūllī cōnsiliō) als Urheberbestimmung mißverstanden, weil er bei der Passivform (adhibētur) eine solche erwartet. Diese aber müßte im Ablativ mit Präposition stehen (ā nūllō cōnsiliō).

Der Benutzer wird also finden, daß seine eigene Übersetzung von der im Lösungsheft angeführten Version in der Regel abweicht, Trotzdem muß er aber unterscheiden können, ob er nur eine andere Wiedergabemöglichkeit gewählt oder einen Fehler gemacht hat. Diese Unterscheidung wird er treffen können, wenn er die Lösungen der übrigen Aufgaben, die zu demselben Text gestellt sind, heranzieht. Diese Aufgaben haben nämlich in der Regel bestimmte Merkmale des Textes zum Gegenstand, an denen der Benutzer erkennen kann, ob er beim Übersetzen einen Fehler gemacht hat.

Übung 1 (Lösung):

Eigennamen:
Helvētiī (Nom. Plur. m)
Gallōs (Akk. Plur. m)
(cum) Germānīs (Abl. Plur. m)

Substantive:
virtūte (Abl. Sing. f)
proeliīs (Abl. Plur. n)
fīnibus (Abl. Plur. m)
(in) fīnibus (Abl. Plur. m)
bellum (Akk. Sing. n)

Adjektive:
reliquōs (Akk. Plur. m)
cottīdiānīs (Abl. Plur. n)

Pronomina:
suīs (Abl. Plur. m): Reflexives Poss.-Pron. d. 3. Pers.
eōs (Akk. Plur. m): Demonstrativpron.
ipsī (Nom. Plur. m): Demonstrativpron.
eōrum (Gen. Plur. m): Demonstrativpron.

Verben:
praecēdunt, contendunt, prohibent, gerunt } 3. Pers. Plur. Ind. Präs. Aktiv

Unflektierbare Wörter:
quod (Unterordnende Konjunktion, kausal)
ferē (Adverb)
cum (2) (Präposition b. Abl.)
cum (3) (Unterordnende Temporalkonjunktion, explikativ)
aut . . . aut (Beiordnende Konjunktionen)
in (Präp. b. Abl.)

Übung 2 (Lösung):

	Textwort	Form	Vokabel		Deklination
2	ōrātōrī	Dat. Sing. m	ōrātor, ōris m	Redner	kons. Dekl.
3	impetū	Abl. Sing. m	impetus, ūs m	Antrieb	u-Dekl.
3	animī	Gen. Sing. m	animus, ī m	Geist, Mut	o-Dekl.
4	perturbātiōne	Abl. Sing. f	perturbātiō, ōnis f	Verwirrung	kons. Dekl.
4	iūdiciō	Abl. Sing. n	iūdicium, iī n	Urteil, Gericht	o-Dekl.
5	cōnsiliō	Abl. Sing. n	cōnsilium, iī n	1. Rat, Plan; 2. Beratung; 3.Beschluß	o-Dekl.

	Textwort	Form	Vokabel		Deklination
6	hominēs	Nom. Plur. m	homō, minis m	Mensch, Mann	kons. Dekl.
6	ōdiō	Abl. Sing. n	ōdium, iī n	Haß	o-Dekl.
7	amōre	Abl. Sing. m	amor, ōris m	Liebe	kons. Dekl.
7	cupiditāte	Abl. Sing. f	cupiditās, tātis f	Begierde	kons. Dekl.
7	īrācundiā	Abl. Sing. f	īrācundia, ae f	Zorn	a-Dekl.
8	dolōre	Abl. Sing. m	dolor, ōris m	Schmerz, Bedauern	kons. Dekl.
8	laetitiā	Abl. Sing. f	laetitia, ae f	Freude, Fröhlichkeit	a-Dekl.
8	spē	Abl. Sing. f	spēs, speī f	Hoffnung	e-Dekl.
8	timōre	Abl. Sing. m	timor, ōris m	Angst	kons. Dekl.
9	errōre	Abl. Sing. m	error, ōris m	Irrtum, Irrfahrt	kons. Dekl.
9	permōtiōne	Abl. Sing. f	permōtiō, ōnis f	Erregung, Gemütsbewegung	kons. Dekl.
9	mentis	Gen. Sing. f	mēns, mentis f	Verstand, Gedanke, Gesinnung	kons. Dekl.
10	vēritāte	Abl. Sing. f	vēritās, tātis f	Wahrheit	kons. Dekl.
10	praescrīptō	Abl. Sing. n	praescrīptum, ī n	Vorschrift	o-Dekl.
10	iūris	Gen. Sing. n	iūs, iūris n	Recht	kons. Dekl.
11	normā	Abl. Sing. f	norma, ae f	Regel, Richtschnur	a-Dekl.
11	iūdiciī	Gen. Sing. n	iūdicium, iī n	Urteil, Gericht	o-Dekl.
11	fōrmulā	Abl. Sing. f	fōrmula, ae f	Vorschrift, Verfahrensnorm	a-Dekl.
12	lēgibus	Abl. Plur. f	lēx, lēgis f	Gesetz	kons. Dekl.

Nach Deklinationen geordnet:

a-Dekl.: īrācundia, laetitia, norma, fōrmula

o-Dekl.: animus, Neutra: iūdicium, cōnsilium, ōdium, praescrīptum

kons. Dekl.: ōrātor, homō, mēns, lēx, iūs
perturbātiō, permōtiō
cupiditās, vēritās,
amor, dolor, timor, error

u-Dekl.: impetus

e-Dekl.: spēs

Übung 3 (Lösung):

	Textwort	Beziehungs-wort	Form	Vokabel
1	antīquīs	temporibus	Abl. Plur. n	antīquus (a, um) alt, altertümlich
1	dissentiēns	plēbs	Nom. Sing. f	dissentīre, sēnsī, sēnsum nicht übereinstimmen, uneins sein
2	sacrō	monte	Abl. Sing. m	sacer (cra, crum) geweiht, heilig; verflucht
2	armāta	plēbs	Nom. Sing. f	armāre, vī, tum bewaffnen, ausrüsten
3	miserrimus (Superlativ)	status	Nom. Sing. m	miser (era, erum) elend, unglücklich
4	pūblicae	reī	Gen. Sing. f	pūblicus (a, um) öffentlich, staatlich
4	cētera	pars	Nom. Sing. f	cēterus (a, um) der übrige; Plur. die übrigen
5	concitātā	sēdītiōne	Abl. Sing. f	concitāre, vī, tum antreiben, aufregen
5	dīvīsa	pars	Nom. Sing. f	dīvidere, vīsī, vīsum trennen, teilen
6	ineunte	aestāte	Abl. Sing. f	inīre, eō, iī, itum hineingehen, beginnen
7	redūcendam (Gerundivum)	plēbem	Akk. Sing. f	redūcere, dūxī, ductum zurückführen, -ziehen
8	missus	Agrippa	Nom. Sing. m	mittere, mīsī, missum schicken, gehen lassen
9	populārī	ēloquentiā	Abl. Sing. f	populāris (e), is volkstümlich, volksfreundlich; Plur. Volkspartei
9	pūblicae	reī	Dat. Sing. f	pūblicus (a, um) s. o.
10	novā	lībertāte	Abl. Sing. f	novus (a, um) neu
11	gaudentem	populum	Akk. Sing. m	gaudēre, gāvīsus sum sich freuen
11	longā	ōrātiōne	Abl. Sing. f	longus (a, um) lang, weit; lange

	Textwort	Beziehungs-wort	Form	Vokabel
12	meliōra (Komparativ)	cōnsilia	Akk. Plur. n	bonus (a, um) gut; Komp. melior (ius), ōris; Superlativ optimus (a, um)
12	sāniōra (Komparativ)	cōnsilia	Akk. Plur. n	sānus (a, um) gesund; bei Verstand

Übung 4 (Lösung):

	Textform	Kasus, Numerus, Genus	Art des Pronomens
1	quīdam	Nom. Sing. m	Definitum (Anonymität)
1	quōque	Abl. Sing. m	Definitum (Verallgemeinerung)
3	quādam	Abl. Sing. f	Definitum (Anonymität)
4	aliquem	Akk. Sing. m	Indefinitum
5	quoddam	Nom. Sing. n	Definitum (Anonymität)
5	ei	Dat. Sing. m	Demonstr. (is, ea, id)
6	aliquis	Nom. Sing. m/f	Indefinitum
	ei	Dat. Sing. m	Demonstr. (is, ea, id)
7	quemque	Akk. Sing. m	Definitum (Verallgemeinerung)
7	tālis	Nom. Sing. m	Demonstr. (Beschaffenheit)
8	hic	Nom. Sing. m	Demonstr. (hic, haec, hoc)
8	ūllā	Abl. Sing. f	Indefinitum (in verneinten Ausdrücken)
9	illum	Akk. Sing. m	Demonstr. (ille, illa, illud)
9	quem	Akk. Sing. m	Relativpron.
10	quis?	Nom. Sing. m/f	Interrogativpron.
11	quisquam	Nom. Sing. m/f	Indefinitum (in verneinten Ausdrücken, substantivisch: ūllus adjektiv.)
12	quis	Nom. Sing. m/f	Indefinitum (nach sī ohne ali)
13	nūlla	Nom. Sing. f	Definitum (verneint)
13	nēmō	Nom. Sing. m/f	Definitum (verneint, substantivisch: nūllus adjektiv.)
14	ipse	Nom. Sing. m	Demonstr. (Identität)
14	aliquō	Abl. Sing. n	Indefinitum

	Textform	Kasus, Numerus, Genus	Art des Pronomens
15	eius	Gen. Sing. m	Demonstr. (is, ea, id)
17	sē	Akk. Sing. m	Reflex. Pers.-Pron. 3. Pers.
17	aliquem	Akk. Sing. m	Indefinitum
18	quam	Akk. Sing. f	Relativpron.
18	alius	Nom. Sing. m	Definitum (Gegenüberstellung)
19	sē	Akk. Sing. m	s. o.
19	suum	Akk. Sing. m	Reflex. Poss.-Pron. 3. Pers.
20	alterīus	Gen. Sing.	Definitum (Gegenüberstellung)

Übung 5 (Lösung):

Satz 1: cōnsilium (Akk. Sing. n): Akk.-Objekt
inveniunt (3. Pers. Plur. Ind. Präs. Akt.): Prädikat
multī (Nom. Plur. m): Subjekt
doctī (Nom. Plur. m): Subjekt
explicant (3. Pers. Pl. Ind. Präs. Akt.): Prädikat

Zwei Subjekte mit ihren Handlungen richten sich auf das gleiche Objekt. Es kommt ein Gegensatz zustande: Viele Leute finden einen Ausweg, aber nur wenige, nämlich die, welche es gelernt haben, können ihn auch ausführen. Übersetzung etwa:

Viele denken sich einen Plan aus, aber die geschulten Leute verstehen ihn auszuführen.

Satz 2: patientia (Nom. Sing. f): Subjekt
animī (Gen. Sing. m): Gen.-Attribut (zu patientia)
occultās (Akk. Plur. f): Adjektivisches Attr. (zu dīvitiās)
dīvitiās (Akk. Plur. f): Akk.-Objekt
habet (3. Pers. Sing. Ind. Präs. Akt.): Prädikat

Von einer charakterlichen Eigenschaft wird gesagt, daß sie verborgenen Reichtum habe, daß man also mit ihr oder aus ihr etwas machen könne. Das gilt aber nur, wenn man diese Möglichkeit auch entdeckt, denn sie ist verborgen. Übersetzung etwa:

Geduld des Herzens besitzt verborgene Möglichkeiten.

Oder korrekter:

Wenn man Ausdauer hat, kann man zu etwas kommen.

Satz 3: virum (Akk. Sing. m): Akk.-Objekt
bonum (Akk. Sing. m): Adjekt. Attr. zu virum
nātūra (Nom. Sing. f): Subjekt
ōrdō (Nom. Sing. m): Subjekt
facit (3. Pers. Sing. Ind. Präs. Akt.): Prädikat

Auf die Frage, was jemanden zu einem ‚vir bonus' macht, gibt es eine positive (nātūra) und eine negative (nōn ōrdō) Antwort. Es kommt ein Gegensatz zustande: Der Charakter ist entscheidend, nicht die gesellschaftliche Herkunft. Also etwa:

> Der eigene Charakter, nicht etwa die gesellschaftliche Stellung macht jemanden zu einem guten Mann (oder: Menschen).

Übung 6 (Lösung):

1 Caesar: Subjekt (Nom.) – paucōs diēs: Adv. Best. d. Zeit (Akk.) – in Sugambrōrum fīnibus: Adv. Best. d. Ortes (Abl. mit Präp. + Gen.-Attr.) – morātus est: Prädikat (Part. im Nom.)

1 Sugambrī: Subjekt (Nom.) – Germānī: Prädikatsnomen (Nom.) – regiōnēs: Akk.-Objekt – trāns Rhēnum sitās: Attr. zu regiōnēs (Akk. + Ortsbest. mit Präp.)

2 Caesar: Subjekt (Nom.) – omnēs vīcōs et omnia aedificia: Akk.-Objekt (+ adjekt. Attr.: omnēs, omnia)

3 Sugambrī: Subjekt (Nom.) – calamitātis illīus: Genitiv-Objekt – oblītī sunt: Prädikat (Part. im Nom.)

4 Caesar: Subjekt (Nom.) – in fīnēs Ubiōrum: Adv. Best. der Richtung (mit Gen.-Attr.) – profectus est: Prädikat (Part. im Nom.) – hīs: Dat.-Obj. – auxilium: Akk.-Obj.

4 Ubiī: Subjekt (Nom.) – Caesarī: Dat.-Obj. – rēs: Akk.-Obj. – ā Suēbīs gestās: Attr. zu rēs (Akk. + Urheberbestimmung im Abl. mit Präp.)

5 Suēbī: Subjekt (Nom.) – concilium: Akk.-Obj. – līberōs, uxōrēs suaque omnia: Akk.-Obj. (omnia hier adjekt. Attr. zu ‚sua', das wie ein Substantiv verwendet ist: „das Ihrige, ihre Habe") – in silvīs: Adv. Best. des Ortes (Abl. mit Präp.)

6 virī: Subjekt (Nom.) – armātī: Prädikativum (Nom.) – ūnum in locum: Adv. Best. der Richtung (Akk. mit Präp. + adj. Attr. ‚ūnum')

Caesar hielt sich wenige Tage im Gebiet der Sugambrer auf. Die Sugambrer waren Germanen und bewohnten Gegenden, die jenseits des Rheins lagen. Dort ließ Caesar alle Dörfer und Gebäude niederbrennen. Die Sugambrer haben diese Zerstörung niemals vergessen. Darauf begab sich Caesar in das Gebiet der Ubier und versprach ihnen Hilfe. Die Ubier berichteten Caesar über die Unternehmungen der Sueben. Die Sueben hatten nämlich Versammlung gehalten und ihre Kinder, Frauen und all ihre Habe in den Wäldern in Sicherheit gebracht. Die Männer aber hatten sich bewaffnet an einem Platz eingefunden.

Übung 7 (Lösung):

Funktion und Bedeutung

1	Antīquīs temporibus	Adv. Best.	Zeitangabe
	ab immortālibus	Adv. Best.	Adressat der Bitte
1	misericordiā	Adv. Best.	Beweggrund
2	īnscientiā suā	Adv. Best.	Ursache
3	frīgore atque inopiā	Ergänzung	Art des Leidens
4	dolō	Adv. Best.	Mittel des Vorgehens
4	quōmodō	Adv. Best.	Art und Weise
4	cinere	Adv. Best.	Mittel
5	hāc ratiōne	Adv. Best.	Art und Weise
5	hōc factō	Ergänzung	Gegenstand des Zornes
6	eā dē causā	Adv. Best.	Ursache
7	in monte Caucasō	Adv. Best.	Ortsangabe
7	vinculīs ferreīs	Adv. Best.	Mittel
8	vinculīs	Ergänzung	Trennung

In alten Zeiten erbaten die Menschen von den Unsterblichen das Feuer. Von Mitleid bewogen, vertrauten die Götter den Menschen das Feuer an. Doch infolge ihrer Unwissenheit konnten die Menschen das Feuer nicht bewahren. Daher litten sie wieder an Kälte und Mangel. Da holte Prometheus durch eine List das Feuer aufs neue auf die Erde und zeigte den Menschen, wie sie es mit Asche zudecken und auf diese Weise bewahren könnten. Über diese Tat erzürnt, gedachte Juppiter, Prometheus zu bestrafen. Deshalb schickte er Merkur auf die Erde, welcher Prometheus im Kaukasus mit eisernen Fesseln an einen Felsen band. Erst viele Jahre später befreite Herkules den Prometheus von seinen Fesseln.

Übung 8 (Lösung):

Abl. abs.: 1 autumnō exeunte – 4 discussā nive – 5 viīs patefactīs

AcI: 1 legiōnēs suās . . . convenīre
4 sē . . . mūnītōs esse

Caesar befahl im Spätherbst, daß seine Legionen in das Gebiet der Helvier kommen sollten. Denn er hatte beschlossen, durch die Cevennen zu marschieren, welche das Gebiet der Arverner von dem der Helvier trennen. Aber die Cevennen behinderten den Marsch in der härtesten Jahreszeit durch sehr tiefen Schnee. Daher meinten die Arverner, durch die Cevennen wie durch eine Mauer geschützt zu sein. Dennoch ließ Caesar den Schnee in einer Tiefe von sechs Fuß wegräumen, machte so die Wege frei und gelangte unter höchster Anstrengung der Soldaten bis an die Grenzen des Arvernerlandes.

Übung 9 (Lösung):

Die hundert lektürewichtigsten lateinischen Vokabeln:

	accipere, iō, cēpī, ceptum	annehmen, vernehmen, erfahren
	aetās, tātis f	Lebensalter, Zeitalter
	ager, grī m	Acker, Feld, Gebiet
	agere, ēgī, āctum	treiben, betreiben, handeln
5	amīcus, ī m	Freund; adj. befreundet
	animus, ī m	Geist, Seele, Mut
	annus, ī m	Jahr
	arbitrārī, or, ātus sum	meinen, glauben
	auctōritās, tātis f	Einfluß, Ansehen, Macht
10	audīre, vī, tum	hören
	bellum, ī n	Krieg
	bonus (a, um)	gut
	capere, iō, cēpī, captum	nehmen, fassen, fangen
	castra, ōrum n Pl	Lager
15	causa, ae f	Ursache, Streitsache, Rechtsfall
	cīvitās, tātis f	Staat, Gemeinde; Bürgerrecht
	cōgnōscere, gnōvī, gnitum	erkennen, erfahren
	cōnsilium, iī n	Rat, Plan; Beratung; Beschluß
	cōnsul, lis m	Konsul (Inhaber der Regierungsgewalt)
20	corpus, poris n	Körper (auch: Leichnam)
	crēdere, didī, itum	glauben, anvertrauen

dare, dō, dedī, datum	geben
dēbēre, uī, itum	sollen, müssen, schulden
deus, ī m	Gott
25 dīcere, dīxī, dictum	sagen, sprechen; behaupten, nennen
diēs, eī m/f	Tag (m); Termin (f)
dīgnitās, tātis f	Würde, Rang; Amt
domus, ūs f	Haus
exercitus, ūs m	Heer
30 facere, iō, fēcī, factum	tun, machen, herstellen
facilis (e), is	leicht (zu tun)
ferre, ferō, tulī, lātum	tragen, bringen; ertragen
fierī, fiō, factus sum	werden, geschehen, gemacht werden
fortūna, ae f	Schicksal, Glück
35 genus, eris n	Geschlecht, Art
gerere, gessi, gestum	tragen, führen, ausführen
gravis (e), is	schwer
habēre, uī, itum	haben, halten; halten für
homō, minis m	Mensch, Mann
40 hostis, is m	Feind
imperium, iī n	Befehlsgewalt, Herrschaft(sgebiet)
intellegere, lēxī, lēctum	bemerken, verstehen
iubēre, iussī, iussum	befehlen, anordnen
iūdex, iūdicis m	Richter
45 iūdicium, iī n	Gericht, Urteil
iūs, iūris n	Recht
labor, ōris m	Arbeit, Anstrengung, Not
lēgātus, ī m	Bevollmächtigter, Gesandter; Legat, Legionskommandeur
lēx, lēgis f	Gesetz
50 litterae, ārum f Pl	Brief, Wissenschaft(en), Literatur
locus, ī m	Ort, Platz, Stelle
longus (a, um)	lang, weit; lange
māgnus (a, um)	groß
manus, ūs f	Hand, (Handvoll:) Schar
55 mittere, mīsī, missum	schicken, gehen lassen
modus, ī m	Maß, Weise, Art
multus (a, um)	viel, zahlreich; Pl viele
nāvis, is f	Schiff
nōmen, minis n	Name, Begriff
60 novus (a, um)	neu
omnis (e), is	jeder, ganz; Pl alle
oppidum, ī n	Stadt, Festung

	pars, partis f	Teil, Seite; Pl Partei
	pater, patris m	Vater; Pl Vorfahren
65	perīculum, ī n	Gefahr
	petere, tīvī, tītum	streben nach, bitten
	populus, ī m	Volk, Staatsvolk
	posse, possum, potuī	können; Einfluß haben, gelten
	prōvincia, ae f	Amtsbereich, Provinz
70	pūblicus (a, um)	öffentlich, staatlich
	putāre, vī, tum	rechnen, meinen, halten für
	relinquere, līquī, lictum	zurücklassen, verlassen
	rēs, reī f	Sache, Gegenstand, Angelegenheit
	rēs pūblica, reī pūblicae f	Gemeinwesen, Staat
75	rēx, rēgis m	König
	scīre, vī, tum	wissen, kennen
	scrībere, scrīpsī, scrīptum	schreiben
	senātus, ūs m	Senat, Staatsrat
	senectūs, tūtis f	Alter, Greisenalter
80	senex, senis m f	alt; Subst. Greis, Greisin
	sīgnum, ī n	Zeichen, Merkmal; Feldzeichen
	socius, iī m	Gefährte, Bundesgenosse; adj. gemeinschaftlich
	solēre, solitus sum	gewohnt sein, pflegen
	studium, iī n	Vorliebe, Bemühung, Beschäftigung
85	summus (a, um)	oberster, höchster
	tempus, poris n	Zeit
	tenēre, uī	halten, besitzen
	terra, ae f	Erde, Land
	tollere, tollō, sustulī, sublātum	emporheben, aufheben, beseitigen
90	tōtus (a, um); Gen. tōtīus, Dat. tōtī	ganz
	urbs, urbis f	Stadt, (die Stadt:) Rom
	ūtī, ūtor, ūsus sum	gebrauchen, umgehen mit; benützen
	velle, volō, voluī (Praes: vīs, vult, vultis)	wollen
	venīre, vēnī, ventum	kommen
95	vidēre, vīdī, vīsum	sehen
	vidērī, vīsus sum	scheinen
	vir, virī m	Mann
	virtūs, tūtis f	Tüchtigkeit, Tapferkeit, Tugend
	vīs (vim, vī) f	Kraft, Macht, Gewalt
	Pl vīres, vīrium f	Kräfte, Streitkräfte
	vīta, ae f	Leben, Lebensweise
100	vīvere, vīxī, vīctum	leben

Übung 10 (Lösung):

inimīcus, ī m	Gegner	amīcus + Verneinungspräfix ‚in'
bellāre, vī, tum	Krieg führen	bellum + Verbstamm auf -ā-
cīvis, is m	Bürger	cīvis + Suffix -tās, tātis: cīvitās
cīvīlis (e), is	bürgerlich, öffentlich	cīvis + Suffix -īlis (Adjektiv)
dea, ae f	Göttin	deus, ī m (o-Dekl.); dea a-Dekl.
difficilis (e), is	schwierig	facilis + Verneinungspräfix dis-
habitus, ūs m	Haltung, Kleidung, Zustand	Verbalsubstantiv von habēre (Perf.-Pass.-Stamm habit-)
imperāre, vī, tum	befehlen, beherrschen	imperium + Verbstamm auf -ā-
laborāre, vī, tum	sich anstrengen, leiden	labor + Verbstamm auf -ā-
modestus (a, um)	maßvoll, bescheiden	modus + Suffix -st-
patria, ae f	Vaterland, Heimatstadt	pater + Adjekt.-Suffix -ius (a, um) (patria erg. terra oder: urbs)
rēgius (a, um)	königlich	rēx + Adj.-Suffix -ius (a, um)
rēgnum, ī n	Königsherrschaft, Königreich	rēx
rēgnāre, vī, tum	König sein, herrschen	rēgnum
nescīre, vī, tum	nicht wissen	scīre + Verneinungspräfix ne-
senātor, ōris m	Senator, Mitglied des Senats	senātus
studēre, uī	sich bemühen, streben	studium + Verbstamm auf -ē-
nōlle, nōlō (nōn vīs . . .), nōluī	nicht wollen	velle + Verneinungspräfix nōn
vīvus (a, um)	lebendig, am Leben	vīvere (Stamm vīv- mit den Endungen der a- und o-Dekl.)

Übung 11 (Lösung):

cōgere, coēgī, coāctum	zusammentreiben, sammeln, zwingen
exigere, ēgī, āctum	einfordern; vollenden
peragere, ēgī, āctum	durchführen, vollenden
redigere, ēgī, āctum	in einen Zustand versetzen
concipere, iō, cēpī, ceptum	auffassen, empfangen
dēcipere, iō, cēpī, ceptum	täuschen
excipere, iō, cēpī, ceptum	1. aufnehmen, auf sich nehmen 2. eine Ausnahme machen

incipere, iō, coepī, coeptum	anfangen
percipere, iō, cēpī, ceptum	wahrnehmen, erfassen
recipere, iō, cēpī, ceptum	zurücknehmen, aufnehmen
sē recipere	sich zurückziehen
suscipere, iō, cēpī, ceptum	übernehmen, unternehmen
ēdīcere, dīxī, dictum	bekanntmachen, verfügen
indīcere, dīxī, dictum	ansagen, ankündigen
afficere, iō, fēcī, fectum	versehen mit etwas
cōnficere, iō, fēcī, fectum	fertigmachen, vollenden
efficere, iō, fēcī, fectum	hervorbringen, bewirken
interficere, iō, fēcī, fectum	niedermachen, töten
perficere, iō, fēcī, fectum	ausführen, vollenden
reficere, iō, fēcī, fectum	wiederherstellen, erneuern
sē reficere oder: reficī	sich erholen
afferre, afferō, attulī, allātum	herbeibringen, melden
auferre, auferō, abstulī, ablātum	wegbringen, rauben
cōnferre, ferō, tulī, collātum	zusammenbringen, vergleichen
dēferre, ferō, tulī, lātum	hinbringen, melden, berichten
differre, differō –	verschieden sein
differre, ferō, distulī, dīlātum	aufschieben
efferre, efferō, extulī, ēlātum	hervorbringen, emporheben
īnferre, ferō, tulī, illātum	hineintragen, (einem etw.) zufügen
offerre, offerō, obtulī, oblātum	anbieten
perferre, ferō, tulī, lātum	überbringen; ertragen, aushalten
referre, referō, rettulī, relātum	bringen, berichten
adhibēre, uī, itum	hinzuziehen, anwenden
cohibēre, uī, itum	festhalten, hindern
prohibēre, uī, itum	fernhalten, hindern
admittere, mīsī, missum	zulassen, hinzuziehen
committere, mīsī, missum	1. zustande bringen, veranstalten 2. anvertrauen
dēmittere, mīsī, missum	hinabschicken, sinken lassen
dīmittere, mīsī, missum	entsenden, entlassen, aufgeben
permittere, mīsī, missum	überlassen, erlauben
prōmittere, mīsī, missum	versprechen, in Aussicht stellen
remittere, mīsī, missum	zurückschicken; nachlassen
appetere, tīvī, tītum	begehren, angreifen
repetere, tīvī, tītum	zurückverlangen, wiederholen
abstinēre, uī, tentum	fernhalten, sich enthalten
continēre, uī, tentum	festhalten, umfassen

obtinēre, uī, tentum	besetzt halten, in Besitz haben
pertinēre, uī, tentum	sich beziehen auf, sich erstrecken bis ...
retinēre, uī, tentum	festhalten, behalten
sustinēre, uī, tentum	aushalten, ertragen
advenīre, vēnī, ventum	ankommen
circumvenīre, vēnī, ventum	umringen, umzingeln
convenīre, vēnī, ventum	zusammenkommen, sich einigen
convenit	es schickt sich
ēvenīre, vēnī, ventum	ablaufen, sich ereignen
invenīre, vēnī, ventum	(hingelangen,) finden
pervenīre, vēnī, ventum	(ans Ziel) gelangen, hinkommen
subvenīre, vēnī, ventum	zu Hilfe kommen

Übung 12 (Lösungen):

Wortfeld ‚Tun, Handeln': agere, gerere, facere

Wortfeld ‚Staat, Volk': rēs pūblica, cīvitās, populus

Wortfeld ‚Erkennen, Wissen': scīre, intellegere, cōgnōscere

Übung 13 (Lösung):

Sachbereich ‚Staat und Politik':
cīvitās, cōnsul, imperium, populus, prōvincia, rēs pūblica, rēx, senātus, socius, urbs u. a.

Sachbereich ‚Rechtswesen':
causa, iūdex, iūdicium, iūs, lēx u. a.

Sachbereich ‚Zeitbegriffe':
aetās, annus, diēs, tempus u. a.

Übung 14 (Lösung):

Form der deutschen Wiedergabe:

1. Temporaler Nebensatz mit „als"; die durch das Part. Perf. Pass. ausgedrückte Vorzeitigkeit ist im Deutschen durch das Plusquamperfekt wiedergegeben („verlorengegangen waren").

2. Verbalsubstantiv („verlieren" → „Verlust"); die Vorzeitigkeit ist durch die Präposition „nach" ausgedrückt.

3. Beiordnung durch Satzreihe; die Vorzeitigkeit ist mit Hilfe des Zeitadverbs „danach" wiedergegeben.

Übersetzungsmöglichkeiten:

1. Als Caesar diese Dinge nach Italien gemeldet worden waren, brach er in die jenseits der Alpen gelegene gallische Provinz auf.
2. Nach Meldung dieser Vorgänge an Caesar in Italien brach dieser . . . auf.
3. Über diese Vorgänge wurde Caesar in Italien Bericht erstattet. Daraufhin brach er . . . auf.

Übung 15 (Lösung):

Nach diesem Gefecht läßt er eine Brücke über den Arar bauen.

Von der Brücke erfährt der Leser erst an dieser Stelle etwas, da Caesar sie erst bauen läßt. Daher ist hier ein unbestimmter Artikel nötig. Der Fluß Arar ist dem Leser jedoch schon bekannt. Auf bekannte Dinge wird mit dem bestimmten Artikel verwiesen.

Übung 16 (Lösung):

1. Die Angelegenheit ist mit männlichem Mut, aber kindlichem Verstand durchgeführt worden.

   ‚cōnsilium' ist hier als Gegensatz zu ‚animus' gebraucht. Daher ‚paßt' keine der angegebenen Bedeutungen. Man muß vielmehr ein Wort finden, in dem zum Ausdruck kommt, daß ‚cōnsilium' hier ein intellektuelles Vermögen meint – im Gegensatz zum ‚Mannesmut' (animus).

2. Ich lasse aus und übergehe, was damals geschehen ist.

   Hier hat ‚mittere' nichts mit „schicken" oder „gehen lassen" zu tun. Durch die Nachbarschaft von ‚praeterīre' erhält es vielmehr die Bedeutung von „weglassen".

3. Das menschliche Leben ist ein Bühnenstück, das uns die Rollen zuweist.

   Hier kann man mit den Bedeutungsangaben „Teil, Seite" wenig anfangen, da ja nicht von einer Einteilung oder Gegenüberstellung die Rede ist. Hier wird eine Bedeutung gesucht, welche der Verwendung des Wortes innerhalb der Metapher vom menschlichen Leben als Schauspiel gerecht wird.

Übung 17 (Lösung):

Hannibal, Hamilcaris fīlius,	Hannibal, Hamilkars Sohn,
novem annōs nātus,	(er) war neun Jahre alt,
ā patre ārīs admōtus	(wurde) vom Vater an den Altar geführt,
ōdium in Rōmānōs aeternum	ewigen Haß gegen die Römer
iūrāvit.	schwor er.
Deinde patrī socius et mīles	Darauf für den Vater Gefährte und Soldat
in castrīs fuit.	im Lager war er.
Hamilcare mortuō	Hamilkar war tot;
causam bellī quaerēns	einen Kriegsgrund suchend
Saguntum oppidum Rōmānīs foederātum	die mit den Römern verbündete Stadt Sagunt
intrā sex mēnsēs ēvertit.	zerstörte er innerhalb von sechs Monaten.
Tum Alpibus patefactīs	Dann wurden die Alpen geöffnet
in Italiam traiēcit.	(er) zog nach Italien hinüber.

Hannibal, Hamilkars Sohn, war neun Jahre alt, als er vom Vater an den Altar geführt wurde und ewigen Haß auf die Römer schwor. Danach war er für den Vater Gefährte und Soldat im Kriegslager. Als Hamilkar gestorben war, suchte er einen Grund zum Krieg und zerstörte innerhalb von sechs Monaten Sagunt, eine Stadt, die mit den Römern verbündet war. Darauf bahnte er sich einen Weg durch die Alpen und marschierte nach Italien hinüber.

Übung 18 (Lösung):

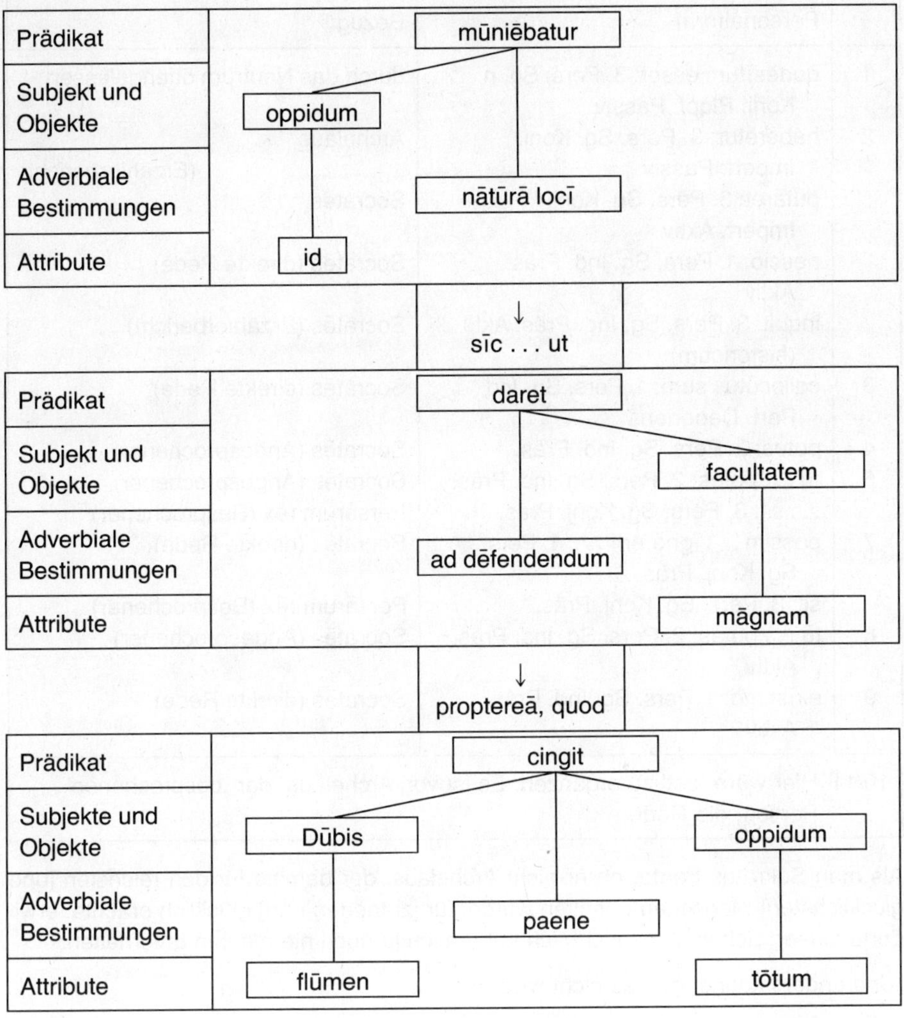

Diese Stadt war durch die Beschaffenheit des Geländes so geschützt, daß sie eine großartige Möglichkeit zur Verteidigung bot, deshalb, weil der Doubs beinahe die ganze Stadt umfließt.

Übung 19 (Lösung):

	Personalform	Bezug
1	quaesītum esset: 3. Pers. Sg. n Konj. Plqpf. Passiv	durch das Neutrum offengelassen
2	haberētur: 3. Pers. Sg. Konj. Imperf. Passiv	Archelāus (Erzählerbericht)
	putāret: 3. Pers. Sg. Konj. Imperf. Aktiv	Socratēs
	nesciō: 1. Pers. Sg. Ind. Präs. Aktiv	Socratēs (direkte Rede)
	inquit: 3. Pers. Sg. Ind. Präs. Akt. (historicum)	Socratēs (Erzählerbericht)
3	collocūtus sum: 1. Pers. Sg. Ind. Perf. Deponens	Socratēs (direkte Rede)
4	potes: 2. Pers. Sg. Ind. Präs.	Socratēs (Angesprochener)
6	tū . . . potes: 2. Pers. Sg. Ind. Präs.	Socratēs (Angesprochener)
	. . . sit: 3. Pers. Sg. Konj. Präs.	Persārum rēx (Besprochener)
7	possim . . . īgnōrem . . .: 1. Pers. Sg. Konj. Präs.	Socratēs (direkte Rede)
	sit: 3. Pers. Sg. Konj. Präs.	Persārum rēx (Besprochener)
8	tū . . . putās: 2. Pers. Sg. Ind. Präs. Aktiv	Socratēs (Angesprochener)
9	exīstimō: 1. Pers. Sg. Ind. Präs. Aktiv	Socratēs (direkte Rede)
10/11	Hier wäre ‚est' zu ergänzen. Es ist von Archelāus, der ‚besprochenen' Person, die Rede.	

Als man Sokrates fragte, ob er nicht Archelaus, der damals für den reichsten [und glücklichsten] Menschen gehalten wurde, für [zufrieden und] glücklich erachte, erwiderte dieser: „Ich weiß es nicht; ich habe mich ja noch nie mit ihm unterhalten."

„Und anders kannst du das nicht wissen?"

„In keiner Weise."

„Du kannst also nicht einmal von dem Großkönig der Perser sagen, ob er glücklich [und zufrieden] ist?"

„Wie sollte ich es können, da ich doch nicht weiß, wie kultiviert dieser Mann ist, wie charakterlich gut".

„Wie? Darin liegt nach deiner Auffassung das Lebensglück?"

„Das ist allerdings meine Meinung, daß die Guten glückselig sind, die Schlechten aber unglücklich.“

„Also ist Archelaus unglücklich?“

„Mit Sicherheit, wenn er ungerecht ist.“

Übung 20 (Lösung):

1. Satz: praemīsit ist durch die Zeitangabe (postrīdiē quam) als bereits vollendete Handlung gekennzeichnet. profectus est (erzählendes Perfekt) meint die gerade eintretende Handlung. Im Imperfekt (sē habēbat) wird die währenddessen andauernde Handlung erwähnt. Im Plusquamperfekt wird wiederum eine bereits vollendete Handlung genannt.

2. Satz: Die beiden Präsensformen meinen Handlungen von dauernder Art, die sich immer wieder ereignen.

3. Satz: Durch die Verbindung mit der Zeitangabe (ante . . . quam) erhält das Futur ‚(nōn) desinam‘ den Charakter einer dauernden Handlung. Sie soll so lange dauern, bis der Sprecher eine Nachricht erhält (Fut. II hier eintretende Handlung). Inhalt der Nachricht soll eine vollendete Handlung sein, die Zerstörung Carthagos (dēlētam esse: Inf. Perf. Pass.).

4. Satz: Die im Präsens genannte Handlung wiederholt sich (dēlectat: dauernde Handlung). Voraussetzung ist die Ankunft auf dem Lande (vēnī: Ind. Perf. vollendete Handlung).

5. Satz: Mit dem ersten Futur wird eine Fähigkeit genannt, die in der Zukunft andauern soll (nārrāre posse: das Erzählenkönnen). Mit dem zweiten Futur (incipiēmus) wird die Handlung bezeichnet, die eintreten muß, damit diese Fähigkeit entwickelt werden kann: An der richtigen Stelle beginnen (unde necesse erit).

1. Caesar brach am Tage, nachdem er die Reiterei vorausgeschickt hatte, mit allen Truppen auf. Aber die Marschordnung verhielt sich anders, als die Belgier an die Nervier gemeldet hatten.
2. Jedes Lebewesen begehrt etwas und scheut vor anderen Dingen zurück.
3. Über Karthago höre ich nicht eher auf zu reden, als bis ich erfahren habe, daß es zerstört worden ist.
4. Jedesmal, wenn ich hierher gekommen bin, macht mir eben dies, das Nichtstun, Spaß.
5. Wir werden die Sache kurz darstellen können, wenn wir mit unserer Erzählung dort einsetzen, wo es nötig ist.

Übung 21 (Lösung):

1.	Ohne dich würde ich verzweifeln.	Irrealis
2.	Laßt uns hoffen, was wir wollen, aber ertragen, was geschehen ist.	Adhortativus
3.	Bitte glaube mir doch, daß ich dies nicht getan habe.	Optativus
4.	Wer könnte wohl daran zweifeln, daß dies die Wahrheit ist?	Potentialis
5.	Was soll ich tun, ihr Richter? Wohin soll ich mich wenden?	Deliberativus
6.	Fürchtet den Tod nicht!	Prohibitivus

Übung 22 (Lösung):

1	ut . . . quisque . . . mē . . . doceat	mich in Kenntnis setzen zu lassen	Infinitiv mit ‚zu'
2	nē quis alius adsit	ohne Beisein eines Dritten	Verbal-substantiv
3	quō līberius loquātur	damit er sich völlig unge-zwungen ausspricht	Indikativ
4	ut ille agat . . .	damit jener . . . vertrete	Konjunktiv
6	et . . . in medium prōferat	und . . . zur Sprache bringen kann	Modalverb (können)

Liste der Wiedergabemöglichkeiten des lat. Konjunktivs:

1. Indikativ
2. Konjunktiv
3. Umschreibung durch ein Modalverb („können, sollen" o. ä.)
4. Infinitiv mit „zu"
5. Verbalsubstantiv („dabeisein" → „Beisein")

Übung 23 (Lösung):

Die Germanen erlauben Kaufleuten die Einreise mehr zu dem Zweck, daß sie Leute haben, denen sie ihre Kriegsbeute verkaufen können, als deshalb, weil sie etwa den Wunsch hätten, daß irgend etwas zu ihnen eingeführt wird.

oder:

Die Germanen gestatten, daß Kaufleute zu ihnen kommen, eher zu dem Zweck, damit sie jemanden haben, dem sie das verkaufen können, was sie im Krieg erbeutet haben, als aufgrund des Bedürfnisses nach irgendwelchem Warenimport.

oder:

Kaufleuten erlauben die Germanen, zu ihnen zu kommen, mehr zu dem Zweck, um Käufer für die Dinge zu haben, welche sie im Krieg erbeutet haben, als deshalb, weil sie sich wünschten, daß man irgend etwas zu ihnen einführt.

Übung 24 (Lösung):

1. Die Helvetier waren der Meinung, sie hätten zu enge Grenzen.	arbitrābantur: Deponens
2. Die Soldaten, die an dem Gefecht teilnahmen, erholen sich gut von ihren Verwundungen.	recreantur: Passiv mit reflexiver Bedeutung
3. Wenn jemand einen großen Namen hat, wird ihm nachgespürt, was er treibt, wie er sein Leben verbringt.	inquīritur: Passiv zur Vermeidung der Täterangabe
4. Als schon der Mittag zu nahen schien, kehrte er nach Hause zurück.	vidērētur: Deponens, von dem auch ein Aktiv-Verb in Gebrauch ist (vidēre „sehen")
5. Man soll auch die andere Seite hören!	audiātur: Passiv, da allgemeine Aussage („Jeder soll hören")
6. Philipp, der Makedonenkönig, wurde, was Kriegstaten und Ruhm angeht, von seinem Sohn übertroffen.	superātus est: Umformung aus dem Aktiv (Fīlius patrem superāvit)

Übung 25 (Lösung):

1	peterēmus	1. Pers. Plur. Konj. Imperf. Aktiv
2	appropinquante	Abl. Sing. Part. Präs. Aktiv
	essēmus	1. Pers. Plur. Konj. Imperf. Aktiv
	vīdimus	1. Pers. Plur. Ind. Perf. Aktiv
3	vīsum est	3. Pers. Sing. (n) Ind. Perf. Passiv (Deponens ‚vidērī' „scheinen")
	itūrīs	Dat. Plur. Part. Fut. Aktiv von ‚īre'
	prōmittebat	3. Pers. Sing. Ind. Imperf. Aktiv
	invēnimus	1. Pers. Plur. Ind. Perf. Aktiv
	quaesīvimus	1. Pers. Plur. Ind. Perf. Aktiv
4	inquit	3. Pers. Sing. Ind. Präs. o. Perf. Aktiv
5	dūcit	3. Pers. Sing. Ind. Präs. Aktiv
6	veniētis	2. Pers. Plur. Ind. Fut. I Aktiv
	audientēs	Nom. Plur. m/f Part. Präs. Aktiv
	habuimus	1. Pers. Plur. Ind. Perf. Aktiv
7	praetermissā	Abl. Sing. f Part. Perf. Passiv
	dēclīnāvimus	1. Pers. Plur. Ind. Perf. Aktiv
	sequentēs	Nom. Plur. m/f Part. Präs. Aktiv (Deponens ‚sequī' „folgen")
8	oppressit	3. Pers. Sing. Ind. Perf. Aktiv
	dēerrāvimus	1. Pers. Plur. Ind. Perf. Aktiv
	pervēnimus	1. Pers. Plur. Ind. Perf. Aktiv
9	perrēxissēmus	1. Pers. Plur. Konj. Plusquamperf. Akt.
	intrā(vi)ssēmus	1. Pers. Plur. Konj. Plusquamperf. Akt.

Eines Tages war ich mit meinen Gefährten unterwegs nach einer Stadt. Die Sonne wollte schon untergehen, und wir waren noch weit von der Stadt entfernt. Da entdeckten wir einen Pfad, der – wie wir meinten – Leuten, die zur Stadt wollten, eine Abkürzung versprach. Wir trafen dort auf einen alten Mann, den wir um Auskunft über den Verlauf jenes Pfades baten. Aber der alte Mann sagte: „Der Pfad ist näher zur Stadt als die Hauptstraße, aber trotzdem werdet ihr auf der Hauptstraße schneller zur Stadt gelangen als auf dem Pfad." Als wir das hörten, hielten wir ihn für dumm. Daher verließen wir die Hauptstraße und bogen auf den Pfad ab. Ihm folgten wir nach rechts und nach links. Sobald aber die Nacht über uns hereingebrochen war, verirrten wir uns und konnten die Stadt nicht mehr erreichen. Wenn wir aber auf der Hauptstraße unseren Weg fortgesetzt hätten, so wären wir zweifellos noch durch die Stadtmauern gekommen.

Übung 26 (Lösung):

1.	Alles, was wird, vergeht wieder.	fīunt: 3. Pers. Pl. Ind. Präs. v. fierī intereunt: 3. Pers. Pl. Ind. Präs. v. inter-īre
2.	Niemand möchte sein Geld (mit anderen) teilen.	vult: 3. Pers. Sg. Ind. Präs. v. velle
3.	Laß mich wissen, was mit uns werden soll.	futūrum sit: 3. Pers. Sg. n Konj. Präs. der umschreibenden Konjugation (s. S. 88)
4.	Die Sache beginnt besser zu laufen, als ich vermutet hatte.	īre: Infinitiv Präs. Aktiv
5.	Wie weit es mir nützt, was jener macht, weiß ich nicht; dem Staat nützt es sicherlich.	prōsit: 3. Pers. Sg. Konj. Präs. v. prōdesse prōdest: 3. Pers. Sg. Ind. Präs.
6.	Cato wollte lieber ein guter Mensch sein als nur scheinen.	mālēbat: 3. Pers. Sg. Ind. Imperf. v. mālle
7.	Laßt uns zueinander die Einstellung haben, die wir stets gehabt haben.	simus: 1. Pers. Pl. Konj. Präs. v. esse fuimus: 1. Pers. Pl. Ind. Perf. v. esse
8.	Cicero war meiner Meinung nach der berühmteste römische Redner.	fert: 3. Pers. Sg. Ind. Präs. Aktiv v. ferre
9.	Sag, wenn du möchtest, worüber du eine Diskussion wünschst.	vīs: 2. Pers. Sg. Ind. Präs. v. velle velīs: 2. Pers. Sg. Konj. Präs. v. velle
10.	Du mußt schon ertragen, wovor du nicht ausweichen kannst.	ferās: 2. Pers. Sg. Konj. Präs. Aktiv v. ferre potes: 2. Pers. Sg. Ind. Präs. v. posse

Übung 27 (Lösung):

1. Aufgabe:

adesse, sum, fuī	anwesend sein, teilnehmen; beistehen, helfen
abesse, absum, āfuī	abwesend sein, fehlen
dēesse, sum, fuī	abwesend sein, mangeln; fehlen, im Stich lassen
inesse, sum, fuī	enthalten sein, sich befinden
interesse, sum, fuī	dazwischen sein, teilnehmen
interest, fuit	es ist ein Unterschied, es ist wichtig
meā (eius) interest tē venīre	es ist für mich (ihn, sie) wichtig, daß du kommst
praeesse, sum, fuī	an der Spitze stehen, befehligen
superesse, sum, fuī	übrig sein, überlegen sein
adīre, eō, iī, itum	herangehen, bitten
abīre, eō, iī, itum	weggehen
inīre, eō, iī, itum	hineingehen, beginnen
exīre, eō, iī, itum	herausgehen
interīre, eō, iī, itum	(ver)schwinden, zugrunde gehen
perīre, eō, iī, itum	zugrunde gehen
praeterīre, eō, iī, itum	vorübergehen, (jmdn./etw.) übergehen
redīre, eō, iī, itum	zurückgehen, zurückkehren
subīre, eō, iī, itum	darunter gehen, nahe herangehen
perīculum subīre	sich einer Gefahr aussetzen
trānsīre, eō, iī, itum	hinübergehen, überschreiten

Bedeutung und Stammformen der Komposita von ‚ferre' und ‚facere' sind in der Lösung der Übung 11 auf S. 15 zu finden.

2. Aufgabe:

absēns, ntis	abwesend (ab-esse): 3. Dekl.
aditus, ūs m	Zugang (ad-īre): u-Dekl.
affectus, ūs m	Stimmung, Leidenschaft (afficere): u-Dekl.
differentia, ae f	Unterschied (differre): a-Dekl.
exitus, ūs m	Ausgang, Ergebnis (ex-īre): u-Dekl.
initium, iī n	Eingang, Anfang (in-īre): o-Dekl.
reditus, ūs m	Rückkehr (red-īre): u-Dekl.

3. Aufgabe:

Ablativ (auferre): Kasus, welcher ‚Trennung' bedeutet
Affekt (afficere): Gemütsstimmung, Gefühlserregung
effizient (efficere): wirkungsvoll

Interesse (interesse): Teilnahme, Absicht, Vorteil
Konfektion (cōnficere): fabrikmäßig hergestellte Fertigkleidung
Konferenz (cōnferre): Besprechung, Versammlung
Offerte (offerre): Angebot
Perfekt (perficere): ‚vollendete Gegenwart' (grammatisch)
Plusquamperfekt (perficere): ‚vollendete Vergangenheit' (grammatisch), „mehr als Perfekt"
Präsens (praeesse): Gegenwart
Referat (referre): Bericht, Vortrag
Relation (referre): Beziehung, Verhältnis
Transit (trānsīre): Durchfahrt durch ein Land

Übung 28 (Lösung):

rēgnantibus	Abl. Plur. m	rēgibus	Abl. abs.
dissentiēns	Nom. Sing. f	plēbs	Subjekt
redūcendam	Akk. Sing. f	plēbem	Adv. Best.
missus	Nom. Sing. m	Menēnius Agr.	Subjekt
gaudentem	Akk. Sing. m	populum	Akk.-Objekt

Als die etruskischen Könige nicht mehr herrschten, hat sich die römische Plebs, weil sie uneins mit dem Senatsadel war, auf dem Heiligen Berg niedergelassen. Da wurde Menenius Agrippa vom Senat losgeschickt, um die Plebs wieder zurückzuführen. Er beruhigte das Volk, das sich voreilig über die neue Freiheit freute, durch eine Rede.

Übung 29 (Lösung):

2 incolentēs	die . . . wohnten	Relativsatz
3 perterritī	gerieten . . . in Panik	Hauptsatz
7 dispositīs	durch Aufstellen . . .	Verbalsubstantiv

Übung 30 (Lösung):

Germānī	Die Germanen,
post tergum clamōre audītō,	hinter ihrem Rücken war Geschrei zu hören,
cum suōs interficī vidērent,	als sie sahen, daß ihre Leute niedergemacht wurden,
armīs abiectīs	Waffen wurden weggeworfen,
sē ex castrīs ēiēcerunt	sie brachen aus dem Lager heraus
et,	und,
cum ad Rhēnum pervēnissent,	als sie an den Rhein gelangt waren,
reliquā fugā dēspērātā	die weitere Flucht war aussichtslos,
māgnō numerō interfectō	eine große Anzahl war getötet,
sē in flūmen praecipitāvērunt.	sie stürzten sich kopfüber in den Fluß.

Die Germanen hörten hinter sich ein Geschrei. Als sie dann sahen, daß ihre Leute niedergemacht wurden, warfen sie ihre Waffen weg und brachen aus dem Lager heraus. Nachdem sie aber an den Rhein gelangt waren, verzweifelten sie an einer weiteren Fluchtmöglichkeit und stürzten sich nach dem Verlust vieler ihrer Leute in den Fluß.

Eine andere Übersetzung:

Die Germanen hörten hinter sich ein Geschrei und sahen, wie ihre Leute niedergemacht wurden. Da warfen sie ihre Waffen weg und brachen aus dem Lager hervor. Am Rhein angekommen, gaben sie die Hoffnung auf weitere Flucht auf und stürzten sich in den Fluß, wobei eine große Zahl von ihnen den Tod fand.

Übung 31 (Lösung):

1. Cato soll noch als alter Mann (im Greisenalter; als er schon alt war) Griechisch gelernt haben.

senex: Prädikativum
Graecam: Adjekt. Attribut

2. Caesar wurde, ohne es zu wissen (ohne sein Wissen; ahnungslos), von Feinden umzingelt.	īnscius: Prädikativum
3. Sulla starb fünfzehn Jahre vor dem Konsulat des Cicero (bevor Cicero Konsul wurde).	cōnsulem: Prädikativum
4. Die vornehmsten Helvetier wurden als Gesandte zu Caesar geschickt.	lēgātī: Prädikativum Helvētiōrum: Genitiv-Attr.
5. Ariovist forderte die Kinder der führenden Persönlichkeiten als Geiseln (zum Unterpfand).	obsidēs: Prädikativum prīncipum: Genitiv-Attr.

Übung 32 (Lösung):

1. Sich selbst beherrschen ist die größte Herrschaft.	‚Imperāre sibi' ist Subjekt. Ein Subjekts-Akkusativ fehlt.
2. Daß der Redner in Wut gerät, gehört sich keineswegs.	‚Ōrātōrem' ist Subjekts-Akkusativ. Der Satz ‚ōrātor īrāscitur' ist als AcI eingebettet.
3. Ein vernünftiger Mensch möchte lieber der Erste sein als bloß zu scheinen.	‚sē' ist Subj.-Akk., ‚prīncipem' Prädikatsnomen. Einbettung des Satzes ‚sapiēns prīnceps est' als AcI.
4. Cato wollte lieber gut sein als scheinen.	‚esse' und ‚vidērī' sind Objekte zu ‚mālēbat'. Einfache Infinitiv-Konstruktion, kein AcI.
5. Merkst du nicht, Catilina, daß deine Pläne offen daliegen?	Von dem ‚Verbum sentiendi' ist der AcI ‚patēre tua cōnsilia' abhängig (Einbettung des Satzes ‚Tua cōnsilia patent').
6. Ich behaupte, daß niemand von euch sagen kann, er habe dies noch nie gehört.	Hier ist ein AcI vom anderen abhängig, ‚quemquam dīcere posse' von ‚nēgō', ‚sē hoc nōndum audīvisse' von ‚dīcere'.
7. Wir wollen alle glücklich sein.	Kein Subjekts-Akk. zu finden, einfache Infinitiv-Konstruktion (‚beātī esse' Objekt zu ‚volumus').

Übung 33 (Lösung):

1. Die Nervier ließen nicht zu, daß Wein bei ihnen eingeführt wird.	AcI (Subj.-Akk. ‚vīnum')
2. Der Vater gab die Anordnung, daß alle seine Angehörigen ihm folgen sollten.	AcI (Subj.-Akk. ‚omnēs suōs')
3. Das Wetter scheint heute heiter zu werden.	NcI (Infinitiv ‚fore' und übergeordnetes Verb ‚vidētur' haben das gemeinsame Subjekt ‚tempestās')
4. Die Bürger der eroberten Stadt erhielten den Befehl, die Waffen zu übergeben.	NcI (Infinitiv ‚trādere' und übergeordnetes Verb ‚iussī sunt' haben das gemeinsame Subjekt ‚cīvēs', das mit ‚iussī' in Kasus, Numerus und Genus übereinstimmt)
5. Caesar befiehlt, daß die Tore geschlossen werden und die Soldaten die Stadt verlassen.	AcI (‚portās' und ‚mīlitēs' sind Subjekts-Akkusative)
6. Der Staat der Athener soll sehr umsichtig gewesen sein.	NcI (‚cīvitās' ist gemeinsames Subjekt des Infinitivs ‚fuisse' sowie des übergeordneten Verbs ‚trāditur'; das Prädikatsnomen ‚prūdentissima' stimmt in Kasus, Numerus und Genus mit ‚cīvitās' überein)
7. Du beklagst dich, daß dir Unrecht getan worden sei.	AcI (‚iniūriam' ist Subjekts-Akkusativ; Einbettung des Satzes ‚Iniūria tibi facta est')

Übung 34 (Lösung):

1. Gerundivum	‚renovandī' stimmt wie ein Adjektiv in Kasus, Numerus, Genus mit seinem Beziehungswort ‚bellī', dem Gen.-Attr. von ‚cōnsilium', überein.
2. Gerundium	‚administrandī' ist Genitiv des Infinitivs ‚administrāre' und hat ein Akk.-Obj. bei sich (‚rem pūblicam').
3. Gerundium	Der Infinitiv ‚vīvere' ist dekliniert, um in einem präpositionalen Ausdruck (‚ad beāte vīvendum') die Stelle einer adverbialen Bestim-

mung einzunehmen. Das Gerundium hat ein Adverb (‚beātē') bei sich.

4. Gerundivum ‚dūcendum' stimmt in Kasus, Numerus, Genus mit seinem Beziehungswort ‚bellum' überein.
5. Gerundivum ‚dēfendendōs' stimmt in Kasus, Numerus, Genus mit seinem Beziehungswort ‚hominēs' überein.

Übung 35 (Lösung):

1. Ich wünsche zu hören, was du denkst.	Gleichzeitigkeit
2. Das Lager befand sich in der Nähe der Plätze, wo er Krieg geführt hatte.	Vorzeitigkeit
3. Nach diesem Gefecht läßt er eine Brücke über den Fluß bauen.	Vorzeitigkeit
4. Vercingetorix redete seinem Stamm ein, sie sollten ihr Gebiet verlassen.	Nachzeitigkeit (im L nicht ausgedrückt)
5. Als Vercingetorix zu seinen Leuten zurückgekehrt war, wurde er des Verrats angeklagt.	Vorzeitigkeit
6. Sie meinten, daß dies durch den Willen der Götter geschehen sei.	Vorzeitigkeit
7. Als Caesar vorhatte, nach Italien abzureisen, rief er seine Kommandeure zusammen.	Nachzeitigkeit

Übung 36 (Lösung):

Cornēlia, Gracchōrum māter,	Cornelia, die Mutter der Gracchen,
cum Campāna mātrōna –	als eine Campanische Dame –
apud illam hospita –	sie war bei jener zu Gast –
ōrnāmenta sua, pulcherrima illīus saeculī, ostenderet,	ihren Schmuck, den schönsten jener Zeit, vorzeigte,
trāxit eam sermōne,	sie hielt diese im Gespräch hin,
dum ē scholā redīrent līberī,	bis die Kinder aus der Schule zurückkamen,
et . . . inquit:	und sagte:
„Haec ōrnāmenta sunt mea!“	„Dies sind meine Schmuckstücke!“

Cornelia, die Mutter der Gracchen, hatte eine verheiratete Frau aus Campanien zu Gast. Diese zeigte ihr ihren Schmuck, den schönsten, den es zu jener Zeit gab. Da hielt Cornelia sie so lange im Gespräch fest, bis die Kinder aus der Schule kamen, und sagte: „Hier, das sind meine Schmuckstücke!“

Übung 37 (Lösung):

1. Da die Dinge so lagen, nahm er von der Reise Abstand.	Der Hauptsatz ist inhaltlich vollständig.
2. Es fehlte nicht viel daran, daß er verletzt wurde.	Explikativ: Der Hauptsatz enthält nur soviel wie das Adverb „beinahe“.
3. Der Sohn gab sich Mühe, bald nach Hause zu kommen.	Explikativ: Worum sich der Sohn bemüht, steht im Nebensatz.
4. Sokrates war von solcher Klugheit, daß man ihn nicht täuschen konnte.	Der Nebensatz erweitert die Aussage des Hauptsatzes, indem er eine Auswirkung des genannten Sachverhalts (daß Sokrates ein kluger Mann war) anführt.

5. Es kommt vor, daß Schüler ihre Lehrer verachten.	Explikativ: Der Nebensatz gibt dem Hauptsatz erst einen Inhalt.
6. Wenn du behauptest, daß du lügst, tatsächlich aber die Wahrheit sagst, dann lügst du.	Der Nebensatz mit ‚sī' enthält eine Voraussetzung, aus der im Hauptsatz eine Folgerung gezogen wird.
7. Ich bin kein Mensch, der sich fürchtet.	Explikativ: Der Hauptsatz kündigt eine Charakterisierung an, ohne sie zu liefern. Erst der Nebensatz bringt sie.

Übung 38 (Lösung):

1. Die erste Aufgabe der Gerechtigkeit ist es, daß niemand irgendeinem schadet.	Subjektsatz
2. Vercingetorix überredete seinen Stamm, sie sollten aus ihrem Land auswandern.	Objektsatz
3. Als Caesar dies gehört hatte, brach er aus der Hauptstadt auf.	Adverbiale Best. (cum historicum)
4. Was auch immer ich an Eifer, Klugheit, Ausdauer, was ich an Ansehen, Glaubwürdigkeit, Standhaftigkeit aufbieten kann, das verspreche ich alles dem römischen Volk.	Der verallgemeinernde Relativsatz führt das Akk.-Obj. ‚id' inhaltlich aus, hat also den Charakter eines Explikativsatzes.
5. Wer schweigt, scheint einverstanden zu sein.	Relativsatz als Subjektsatz
6. Atticus sprach so gut Griechisch, daß man den Eindruck hatte, er sei in Athen geboren.	Adverbiale Best. (Konsekutivsatz)
7. In derselben Nacht war zufällig Vollmond.	Subjektsatz als Explikativsatz

Übung 39 (Lösung):

2 ut ōdium ... iurāret	Begehrungssatz (Ergänzung zu ‚adductus est‘)
2 postquam pater mortuus est	Temporalsatz (Adv. Best.)
4 quam brevī tempore ... expūgnāverit et ēverterit	Abh. Fragesatz (Subjekt zu ‚incrēdibile dictū est‘)
5 postquam ... dēcesserat	Temporalsatz (Adv. Best.)
6 quam ... percurrit et vāstāvit	Relativsatz (Attribut zu ‚Italiam‘)

Hannibal, Hamilkars Sohn, wurde im Alter von neun Jahren von seinem Vater dazu gebracht, ewigen Haß auf die Römer zu schwören. Als der Vater gestorben war, übernahm er dessen Oberbefehl und suchte nach einem Kriegsgrund. Es klingt unglaublich, in wie kurzer Zeit er Sagunt, eine mit den Römern verbündete Stadt, eingenommen und zerstört hat. Kurz nachdem er Spanien verlassen hatte, überschritt er die Alpen nach Italien, das er viele Jahre lang durchstreifte und verwüstete.

Übung 40 (Lösung):

Die beiden rhetorischen Fragen lauten:

... unde ... sē nāvēs armātūrōs esse?

quōmodō ... Siciliam obtinērī aut tūta ... lītora esse?

Die Konsuln gaben die Empfehlung, daß den Bürgern eine Belastung auferlegt werden sollte. Denn wovon würden sie, da kein Geld in der Staatskasse mehr sei, Schiffe ausrüsten, auf welche Weise aber werde ohne Kriegsflotte Sizilien gehalten oder würden Italiens Küsten sicher sein?

Übung 41 (Lösung):

1. Der Konsul ermahnte die Bürger, die Freiheit zu verteidigen.	Begehrungssatz (Ergänzung zu ‚admonuit‘)
2. Wenn du geschwiegen hättest, wärst du ein kluger Mann geblieben.	Adverbialsatz (konditional)
3. Als schon der Mittag zu nahen schien, kehrte er nach Hause zurück.	Adverbialsatz (temporal)

4.	Laß mich wissen, was mit uns werden soll!	,ut sciam': Begehrungssatz (Ergänzung zu ,fac'); ,quid . . . futūrum sit': Abh. Fragesatz (Ergänzung zu ,sciam')
5.	Die Sache beginnt besser zu laufen, als ich angenommen hatte.	Adverbialsatz (komparativ); Sinnweiser im Hauptsatz ,melius . . . quam'
6.	Sokrates war von solcher Klugheit, daß man ihn nicht täuschen konnte.	Adverbialsatz (konsekutiv); Sinnweiser im Hauptsatz ,tantā . . . ut'
7.	Da das Leben ohne Freunde voller heimtückischer Anschläge ist, rät die Vernunft selbst dazu, daß wir uns Freunde schaffen.	,cum . . . plēna sit': Adverbialsatz (kausal); ,ut . . . comparēmus' Begehrungssatz (Ergänzung zu ,monet')
8.	Wenn auch die Kräfte fehlen, so ist doch der gute Willen zu loben.	Adverbialsatz (konzessiv); Sinnweiser im Hauptsatz ,tamen'
9.	Jetzt schweigt der Angeklagte, während er vorher dauernd geredet hat.	Adverbialsatz (adversativ); Sinnweiser im Hauptsatz ,anteā . . . iam'
10.	Die Germanen umstellten die ganze Schlachtordnung mit Wagen, damit keinerlei Hoffnung auf Flucht bleibe.	Adverbialsatz (final)

Übung 42 (Lösung):

1.	Daß ich das Lager abgebrochen habe, geschah aus Futtermangel.	Explikativ: Wovon die Rede ist, wird im Nebensatz erläutert (sogen. ,faktisches' quod).
2.	Hannibal rückte schon an die Mauern heran, da stürmten plötzlich die Römer auf ihn los.	cum inversum: Der Vorsatz enthält das Hintergrundgeschehen (Imperf. = andauernde Handlung), der cum-Satz das Hauptereignis (Präs. hist. = eintretende Handlung).
3.	Unter der Bedingung sind wir geboren, daß wir nichts, was einem Menschen geschehen kann, von uns weisen dürfen.	ut nihil . . . recūsāre dēbeāmus: explikativ (der Begriff ,eā condiciōne' wird mit Inhalt gefüllt); quod . . . accidere possit: Relativsatz explikativ (füllt ,nihil' mit Inhalt; vgl. Ü 38 Satz 4).

4.	Labienus nahm sich vor, das Heer ohne Verluste in das Lager zurückzubringen.	Begehrungssatz (Objekt zu ‚cōgitābat'); explikativ, da der Inhalt der Gedanken des Labienus mitgeteilt wird.
5.	Die Politiker der Volkspartei klagten Cicero an, daß er die Anhänger des Catilina gegen das Gesetz habe hinrichten lassen.	Explikativ: Der quod-Satz gibt den Inhalt der Anklage (accūsāvērunt) wieder.
6.	Jedesmal wenn Vorzeichen gemeldet wurden, befragten die Zehnmänner die Sibyllinischen Bücher.	cum iterativum: Sinnweiser im Hauptsatz ist das Imperfekt ‚adībant', das die wiederholte Handlung anzeigt.
7.	Ich habe dir meine Meinung dargelegt, damit ich dein Urteil kennenlernen kann.	Der finale Adverbialsatz (‚ut . . . cōgnōscerem') nennt den Zweck der Hauptsatzhandlung.
8.	Caesar behielt die Soldaten im Lager, bis die Hilfstruppen eintrafen.	Der Temporalsatz mit ‚dum' hat hier finalen Sinn. Das Eintreffen der Hilfstruppen markiert nicht nur eine Zeitspanne, sondern ist zugleich der Zweck von Caesars Maßnahme.
9.	Dummköpfe geraten, während sie (bestimmte) Fehler vermeiden, in die entgegengesetzten (Fehler) hinein.	Beide Vorgänge sind gleichzeitig und identisch. Sie werden in Haupt- und Nebensatz unter verschiedener Perspektive gesehen.
10.	Die Helvetier versuchten nachts, ob sie durchbrechen könnten.	Der durch ‚sī' eingeleitete Gliedsatz (Objekt zu ‚cōnātī sunt') ist ein indirekter Fragesatz.

Übung 43 (Lösung):

1.	Der Anführer ließ eine Brücke bauen, um auf ihr die Truppen über den Fluß zu setzen.	Finaler Relativsatz: ‚quō' ist Abl. des Mittels (instrumenti) und weist auf ‚pontem' zurück. Der Nebensatz gibt die Absicht an, welche mit der Hauptsatzhandlung verbunden war.
2.	Die Soldaten zogen sich dorthin zurück, von wo sie aufgebrochen waren.	Relativsatz als Adverbialsatz (Ortsbestimmung)

3.	Caesar fragte Gefangene danach, wo sich die Feinde befänden und was sie im Schilde führten (was sie vorhätten).	Abh. Fragesatz (Objekt zu 'quaesīvit'), gibt die Frage wieder, die Caesar den Gefangenen gestellt hat.
4.	Caesar behielt den Liscus allein zurück; er fragte ihn nach dem, was er in der Versammlung gesagt hatte.	Relativsatz als Objekt zu ‚quaerit' (ergänze: ea, quae)
5.	Ich hatte nichts, was ich hätte schreiben können.	Relativsatz mit potentialem Konjunktiv
6.	Die Bundesgenossen sind es wert, daß wir ihre Existenz verteidigen.	Relativsatz mit konsekutivem Sinn („soviel sind sie uns wert, daß wir . . .")
7.	Was gibt es für einen Grund dafür, daß Romulus seinen Bruder umbrachte?	Der Hauptsatz ist ein Fragesatz. Der durch ‚cūr' eingeleitete Relativsatz hat explikative Bedeutung, indem er den Begriff ‚causa' mit Inhalt füllt.
8.	In Athen gibt es viele wunderbare Kunstwerke. Um sie zu sehen, reisen viele Leute zu Schiff nach Griechenland.	Relativische Verschränkung: ‚quae' weist auf ‚artificia' zurück und ist Objekt zu ‚vidērent'. Der Finalsatz ‚quae ut vidērent' ist adverbiale Bestimmung zu ‚nāvigant'.
9.	Die Germanen halten Fremde, egal aus welchem Grund sie zu ihnen kommen, für unverletzlich.	Verallgemeinernder Relativsatz: Er weitet den Gültigkeitsbereich der Hauptsatzaussage aus: „Das gilt ohne Einschränkung, z. B. durch einen Besuchsgrund."
10.	Ich behaupte, daß es in ganz Sizilien kein [kostbares] Gerät gab, das Verres nicht fortgetragen (geraubt) hat.	Relativpronomen mit Negation verbunden (‚. . . vās . . ., quod nōn . . .'). Die dadurch entstehende doppelte Negation wirkt verstärkend (‚negō . . . ūllum vās . . . quod nōn . . .'): „Er hat jedes Stück geraubt".

Übung 44 (Lösung):

Pater meus Hamilcar, cum egō nōn amplius novem annōs nātus eram, in Hispāniam imperātor proficīscēns Carthāgine Iovī Optimō Maximō hostiās immolāvit. Quae dīvīna rēs dum cōnficiēbātur, quaesīvit ā mē, vellemne sēcum in castra proficīscī.

Id cum lībenter accēpissem et ab eō petere coepissem, nē dubitāret dūcere, tum ille: „Faciam“, inquit, „sī mihi fidem, quam postulō, dederis“. Simul mē ad āram addūxit, apud quam sacrificāre īnstituerat, eamque tenentem iūrāre iussit numquam mē in amīcitiā cum Rōmānīs fore. Id egō iūsiūrandum patrī datum ūsque ad hanc aetātem ita cōnservāvī, ut nēminī dubium esse dēbeat, quīn reliquō tempore eādem mente sim futūrus.

Als ich noch nicht älter als neun Jahre war, brach mein Vater Hamilkar als Oberbefehlshaber nach Spanien auf. In Karthago brachte er (deshalb) dem höchsten Gott Juppiter Optimus Maximus ein Schlachtopfer dar. Während der Gottesdienst vollzogen wurde, fragte er mich, ob ich mit ihm ins Feldlager reisen wolle. Als ich dies gern angenommen und ihn zu drängen begonnen hatte, er solle mich unverzüglich mitnehmen, sagte er: „Das will ich tun, wenn du mir das Versprechen gibst, das ich fordere.“ Gleichzeitig führte er mich an den Altar heran, an dem er das Opfer begonnen hatte, und befahl mir, ihn zu berühren und zu schwören, daß ich niemals mit den Römern Freundschaft eingehen werde. Diesen Eid, den ich dem Vater gab, habe ich bis in dieses Lebensalter in der Weise gehalten, daß es niemandem zweifelhaft sein kann, daß ich auch in Zukunft dieselbe Einstellung haben werde.

Übung 45 (Lösung):

Eine Möglichkeit, den Text für die Übersetzung zu unterteilen, ergibt sich aus seinem inhaltlichen Aufbau. In dem einleitenden Nebensatz mit ‚cum historicum‘ ist von den römischen Schiffen die Rede. Im Hauptsatz wechselt dann die Perspektive, der Sturm ist Satzgegenstand, während seine Auswirkung auf die Schiffe in einem konsekutiven Nebensatz berichtet wird. Bei dieser Auswirkung werden nun zwei Gruppen von Schiffen unterschieden (sed aliae ... aliae), von denen die eine zum Ausgangspunkt, die andere jedoch weiter nach Westen getrieben wird. So ergibt sich ein Einschnitt am Ende des cum-Satzes (vidērentur), der nächste hinter dem ersten Prädikat des ut-Satzes (tenēre posset). Wem der so entstehende dritte Satz (von ‚sed‘ bis ‚dēicerentur‘: er macht immerhin die Hälfte des Textes, 22 von 41 Wörtern, aus) noch zu lang ist, kann noch einmal unterteilen, indem er aus jeder der beiden Gruppen von Schiffen einen besonderen Satz macht.

Die Schiffe näherten sich Britannien und waren schon vom Lager aus zu sehen. Da erhob sich plötzlich ein so gewaltiger Sturm, daß keines von ihnen seinen Kurs halten konnte. Die einen wurden zu ihrem Ausgangspunkt zurückgetragen, die anderen wurden zum tiefer gelegenen[1] Teil der Insel, der weiter nach Westen liegt, abgetrieben, wobei sie in Seenot gerieten.

[1] Gemeint ist der südlicher gelegene Teil (die Küste der Grafschaft Kent in der Nähe von Dover verläuft von Nordost nach Südwest).

oder:

Die einen wurden dorthin zurückgetragen, von wo sie losgefahren waren. Die anderen gerieten in Seenot und wurden in den südlichen Teil der Insel abgetrieben, der weiter nach Westen liegt.

Übung 46 (Lösung):

Siculus quīdam, qui prōcōnsulis Rōmānī admodum similis erat, prōmptum sermōne sē praebuit. Cum prōcōnsul dīceret mīrārī sē, quā dē causā suī tam similis esset, cum pater suus in eam prōvinciam numquam accessisset, ille: „At meus", inquit, „Rōmam accessit".

Ein Sizilianer, welcher dem römischen Prokonsul ziemlich ähnlich war, erwies sich als sehr schlagfertig. Als nämlich der Prokonsul sagte, er wundere sich, warum er ihm so ähnlich sei, obgleich doch sein Vater niemals in diese Provinz gekommen sei, erwiderte jener: „Aber mein Vater ist nach Rom gekommen."

Übung 47 (Lösung):

Antīquīs temporibus hominēs nōndum ratiōne animī, sed vīribus corporis plēraque administrābant.

Itaque hominēs illō tempore sine cultū, sine īnstitūtīs lēgibusque vīvēbant.

Posteā autem māgnus quīdam et sapiēns vir hominēs in ūnum locum condūxit et eōs multās bonās artēs docuit.

Illī virō hominēs prīmō resistēbant, deinde autem propter ratiōnem et ōrātiōnem summō studiō eum audiēbant.

In alten Zeiten regelten die Menschen die meisten Angelegenheiten noch nicht durch planmäßige Anwendung ihres Geistes, sondern durch die rohen Kräfte des Körpers.

Deshalb lebten die Menschen in jener Zeit ohne Erziehung, ohne gesellschaftliche Einrichtungen und Gesetze.

Später aber hat ein bedeutender weiser Mann die Menschen an einem Ort zusammengeführt und ihnen viele gute Fertigkeiten beigebracht.

Jenem Manne leisteten die Menschen zuerst Widerstand, dann aber hörten sie wegen seiner vernünftigen Art und seiner Redegabe mit größtem Interesse auf ihn.

Übung 48 (Lösung): Bezugspersonen der Pronomina

A Der Mann mit dem Geld (proficīscentem ... et sēcum aliquantum nummōrum ferentem)

B Sein Begleiter (quīdam ... est comitātus)

C Der Wirt (cōpō)

2 cum hōc	A	13 comitem illum	A
7 illum alterum, quī nummōs habēret	A	14 illum somno impedītum	A
8 illōs artius dormīre	A + B	15 ipse	B
9 alterīus eōrum, quī sine nummīs erat	B	17 illum, quī ante exierat	B
10 illum alterum	A	20 ab illīs dēdūcitur	C + Begleiter
11 ipse sē in ... lectum recēpit	C		
12 ille autem	B		

Auf seiner Reise begleitete jemand einen Mann, der zum Markt unterwegs war und allerhand Geld bei sich trug. Mit diesem unterhielt er sich, wie es gewöhnlich geschieht, auf dem Weg in freundschaftlicher Weise. Daraus ergab sich, daß sie diese Reise noch vertrauter miteinander fortsetzen wollten. Als sie daher in der gleichen Herberge abgestiegen waren, wollten sie auch zusammen speisen und am selben Platz schlafen. Als sie gegessen hatten, begaben sie sich ebendort zur Ruhe. Da der Wirt nun aber auf den anderen, der ja das Geld hatte, aufmerksam geworden war, schlich er sich nachts, nachdem er meinte, daß die beiden in tiefem Schlaf lägen, herbei und zog das Schwert des anderen der beiden, der ohne Geld war – es war in der Nähe abgelegt –, aus der Scheide und tötete den anderen. Er nahm das Geld an sich, steckte das blutige Schwert wieder in die Scheide und zog sich selbst in sein Bett zurück. Jener aber, mit dessen Schwert der Gefährte ermordet worden war, stand noch vor Morgengrauen auf, sprach den Gefährten an, einmal und öfter. Er meinte, jener antworte nicht, weil er noch im Schlaf liege. So nahm er das Schwert und alle Sachen, die er mit sich getragen hatte, auf und reiste allein weiter. Nicht viel später ruft der Wirt laut, es sei ein Mensch ermordet worden, und verfolgt zusammen mit einigen Gästen jenen, der vorher das Haus verlassen hatte, auf seinem Wege. Er ergreift den Mann, zieht sein Schwert aus der Scheide und findet es voller Blut. Der Mann wird von jenen in die Stadt abgeführt und angeklagt.